José Luis Coll

El eroticoll
Diccionario erótico

Colección

EL PAPAGAYO

— 40 —

JOSE LUIS COLL

EL EROTICOLL

Diccionario erótico

PREMIO «EL PAPAGAYO» 1991

EDICIONES TEMAS DE HOY

Esta obra ha sido la ganadora del
Premio «El Papagayo» 1991, que
se presentó bajo el pseudónimo
Diccionario erótico,
concedido por el siguiente jurado:
Antonio Mingote, Ymelda Navajo,
Gregorio Salvador, Antonio Prieto
y Máximo San Juan.

Primera edición: octubre de 1991
Segunda edición: noviembre de 1991

La lectura de este libro no está recomendada a menores de 16 años

Colección EL PAPAGAYO

Paseo de la Castellana, 93. 28046 Madrid
Ilustraciones de cubierta e interior: Gabriel Flores e Ignacio Flores
Diseño de cubierta: Wunderman
ISBN: 84-7880-123-5
Depósito legal: M. 38.277-1991
Compuesto en Puntographic, S. A. L.
Impreso en Grefol, S. A.
Printed in Spain - Impreso en España

Indice

DEL AUTOR AL LECTOR

Deseo que este libro sirva de guía, orientación, consejo y conocimiento del coñocimiento. Sé que quien da consejo sólo da eso, y nada pierde con ello. Pero es incuestionable que el origen de la vida y su continuación se basan en la erótica, en la práctica sexual, en el ayuntamiento de dos cuerpos que, como diría Shakespeare, forman la «bestia de dos espaldas».

Si conservamos la erótica, conservaremos la Humanidad.

Y si hay que conservar la Humanidad, hagámoslo alegre y deportivamente. Uno de los dos nos lo agradecerá: Dios o el Diablo.

Diccionario erótico

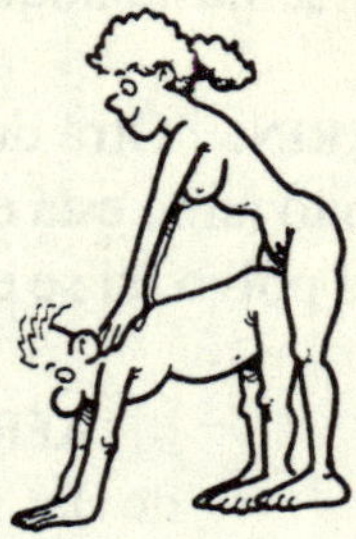

ABUSO DESHONESTO: Todo abuso ya de por sí es deshonesto, lo cual conforma estas dos palabras en algo redundante. Sin embargo, no siempre el abusador es el más fuerte, sino que puede darse el caso de que quien parece más débil abuse de su debilidad, pasando a ser, en realidad, de víctima a culpable. Esto se da con harta frecuencia en el matrimonio, donde, al cabo de los años, cuando la novia perdió todo su candor después de haber perdido lo que toda doncella debe perder, se convierte, de la noche a la mañana, en agente activo, decisor, inapelable e indiscutible de toda norma a seguir desde ese momento en adelante.

ACARAMELARSE: Verbo transitivo que para nada infiere convertirse en caramelo, sino que se trata de un dulce regodeo que presagia un final en horizontal, o en vertical si no hay lecho oportuno.

ACOJONADO: Acobardado, amedrentado. Que le faltan cojones, aunque los tenga.

ACOJONARSE: Acobardarse, sumirse en el pánico, amedrentarse, achicarse hasta adquirir forma de cojón.

AFINAR EL PIZARRÍN: Otra de las múltiples maneras de denominar el coito (si se está entre personas normales) o de denominar el polvo (si se está entre españoles).

AFRODISÍACO: Dícese de la sustancia o medicamento que excita el apetito sexual. Es de uso frecuente, especialmente entre personas que han usado y abusado del ejercicio amatorio, tales como directores generales, ejecutivos, clérigos, militares próximos al ascenso y alcaldes pedáneos. Los afrodisíacos suelen ser caros y además cuestan mucho dinero. Es raro encontrar un mendigo cocainómano o un maestro de escuela «colgado». El maestro, concretamente, sólo se encuentra «colgado» cuando ve el importe de su nómina. Quiero decir que es cuando «se le encuentra colgado».

¡AHONDA, MOZO!: Súplica de la dueña y señora que hacía al gañán de su hacienda cuando, por motivos de ausencia del marido, ella y el muchacho quedaban solos en tarde de verano.

AHORA TE VAS A ENTERAR DE LO QUE VALE UN PEINE: Esta larga frase suele decirla el varón, miembro en mano terriblemente crecido y amenazador, a horcajadas sobre la hembra, dispuesto a hacerle saber lo que vale, exactamente, un peine, lo cual no deja de ser una estupidez en tales circunstancias.

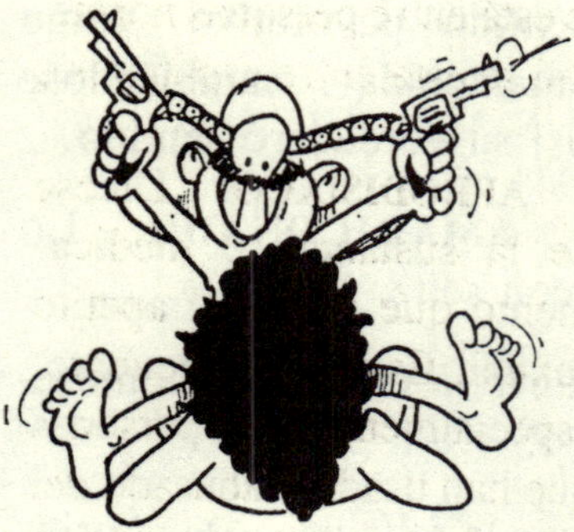

ALEMANITA: No se trata en este caso de la nacionalidad teutona de la hembra, sino del ánimo que uno mismo insufla a cualquiera de sus manos con las que se la machaca. Es una tácita orden: «¡Hale, manita!»

ALIVIAR: Dejar a una mujer o a un hombre mínimamente satisfecho, que es como se debe dejar a los cachondos.

ALMEJA: Molusco lamelibranquio con dos valvas, de grato sabor. También puede ser sexo femenino, de no menos grato sabor.

AMA: Con esta palabra ocurre algo semejante a lo que acontece con **amante**, ya que, además de ser «dueña» o «esposa», perdía su verdadero significado cuando se aplicaba a la mujer que vivía con clérigo humilde, y el vulgo, siempre malintencionado, perverso y acertado, suponía una concomitancia sexual entre cura y dama a su servicio, que también la procura de placer es servicio y nada despreciable.

AMADO NABO: Objeto de la poesía.

AMADO NERVO: Poeta.

AMANTE: Persona que ama, que quiere, que adora. Vulgarmente se la conoce en sentido peyorativo, como «mantenida», cambiándose así su verdadero sentido.

AMARICONADO: Lo mismo que invertido, pero con seltz.

AMARICONARSE: Adquirir la condición homosexual por abuso de mariconeo.

AMARLA: Palabra a la que le falta una «M» al principio para que el amor sea completo.

AMEDRENTADO/A: Temor que suscita en el hombre la insaciabilidad femenina en materia de sexo, y en la mujer la elefantiasis carnal, que, desafortunadamente, tanto escasea.

¡AMOR MÍO!: Repentina pérdida de la memoria que impide recordar en ese instante quién es la persona con la que estamos efectuando el coito o similar.

ANÉGAME: Lléname, riégame, inúndame, cólmame. ¡Córrete de una vez, coño!

ANGELICAL: De aspecto divino, etéreo, sublime, romántico, irreal. Vamos, que pone cachondo a un muerto. Ejemplo: Isabel Preysler.

ANIMAL ERÓTICO: Suele recibir tal apelativo la hembra o el macho que, con su sola presencia, hace surgir el apetito carnal, «erectando» el pene del macho, o «lubricando» la covachuela femenina. Ejemplo moderno: José Luis Rodríguez, el Puma. Hay mujeres que, tan sólo con la contemplación de este ejemplar, se han llegado a desmayar, y todavía siguen desmayadas.

ANO: Masculino de Ana.

APETA: Primera palabra del primer coito. Puede ser emitida por cualquiera de los dos niños.

AQUELARRE: Reunión de brujos y brujas, con la participación del macho cabrío y el demonio, para la práctica de actos de hechicería, a la vez que, para no perder tiempo, y durante la noche, se metían y sacaban las respectivas cosas.

ARIETE: Morronga, polla o pene que, por excepcional circunstancia y exagerado tamaño, podría confundirse con la máquina militar que antiguamente se empleaba para abrir murallas.

ARRIMAR LA MERCANCÍA: Variante de **poner un rabo**, ya sea en el medio rural o en el urbano.

ASEXORAR: Informar al presunto fornicador acerca de todo lo que ha olvidado sobre el sexo.

¡AY, MADRE!: Grito de placentero dolor.

¡AY, QUE ME VENGO!: Podría tratarse del verbo «vengarse», pero en ese caso la exclamación «ay» no tendría sentido, y convertiría la expresión en una perfecta gilipollez, por lo que se deduce que se trata de la vulgarización de una exclamación que anuncia la inminente eyaculación.

¡AY, QUÉ LECHE!: Placer o cansancio. Normalmente, cansancio.

AYUNAR DEL CULO: Prescindir, sacrificarse, no usar ni abusar del agujero anal, lo que puede suponer un gran esfuerzo de voluntad por parte de quienes se dice «hacen a pie y a lana». Recordemos aquel verso de Aretino que decía:

Si ano por el coño el pene toma, no es fallo,
llámame sólo bribón o villano,
pues yo distingo el coño del ano
como a la yegua conoce el caballo.

BÁJATE LOS PANTALONES: Tal orden, en el «orden» sexual, puede ser dada tanto por hombre como por mujer. Pero observen la frase siguiente:

BÁJATE LOS PANTALONES Y PONTE DE ESPALDAS: Indudablemente, en este caso, la orden siempre es dada por otro hombre.

BARRAGANA: Concubina que vivía en la casa del que estaba amancebado con ella, aunque no fuera sacerdote. Gana de barra. Gana de gana. Gana de polla. Gana de cama. Dame la lengua, y hasta mañana.

BENEFICIARSE A UNA DAMA: No entraña beneficio material alguno. Se trata de un extraño eufemismo, mediante el cual se indica que la hembra ha sido traspasada de parte a parte, y con las propias partes.

BERENJENA: Otra de las innumerables definiciones con que se puede conocer el miembro masculino, cuya nomenclatura es, como puede verse, interminable.

BESAR: Acción llevada a cabo con los labios de manera amorosa, suave y silente. Si se trata de labios contra labios superiores, debe llamarse «beso de amor». Mas si se trata de labios superiores sobre labios inferiores femeninos, recordaríamos la obra calderoniana *Lamida es sueño*.

BESO: Antigua prueba de amor. Hoy es de uso tan frecuente que puede darse incluso entre personas que se han conocido tan sólo hace unos meses. También recibe el nombre de «ósculo»; pero únicamente en casos y gentes excepcionales.

BICHO: En Puerto Rico, capital y provincias, la palabra «bicho» no está bien vista en boca de nadie, puesto que su acepción, en dicho lugar, equivale al miembro masculino en nuestros lares, el cual, nunca sería bien visto en ninguna boca.

BOCA: Otra de sus aplicaciones es la de hablar (en la mujer) y la de comer (en ambos sexos).

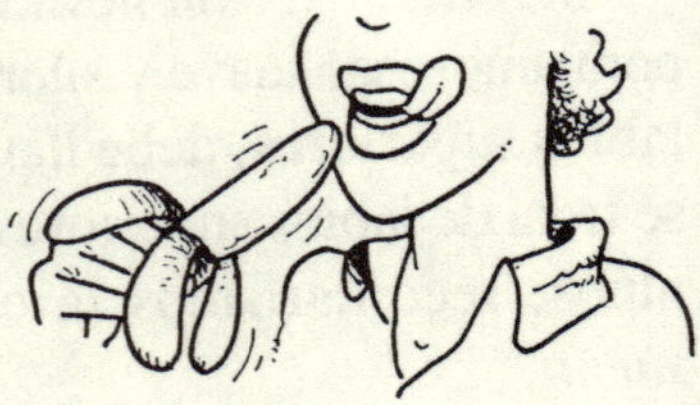

BOLA: Con otra más, testículo de cargo.

BOLUDO: Huevudo, acojonado, gilipollón porteño. Abundan, en conjunto y por separado. Y en todos los lugares.

BOMBACHA: Palabra que puede tener connotaciones explosivas por una equivocada etimología. No obstante, en lenguaje porteño es «braga», esa prenda que hay que quitar para podérsela poner en la figa, en la patata o en la concha, según la localización geográfica.

BROMURO: Extraño fármaco que, según la leyenda o la historia, se ponía en la comida de los soldados y reclutas para que actuara como continente sexual, evitando el súbito crecimiento del falo, por efecto del calor, la abstinencia, la imaginación o por efecto retroactivo.

BUJARRÓN: Hombre, poco hombre, muy hombre...

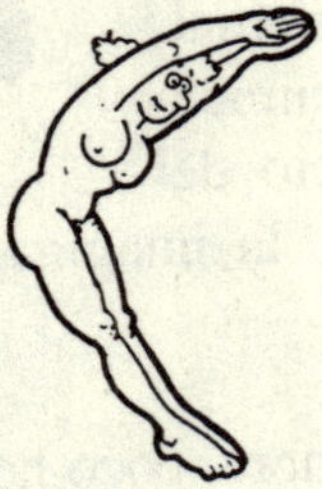

CABRITO: Bebé de la cabra.

CABRÓN: Marido.

CABRONADA: Acción malintencionada que se suele hacer sin querer... el que la sufre. Normalmente suele provenir de los íntimos amigos, para evitar que nos las hagan los íntimos enemigos.

CABRONAZO: Otro marido.

CACHONDO/A: Manera de ser o forma de estar. En el primer caso se trata de algo congénito y envidiable. En el segundo se trata de algo circunstancial y poco prometedor.

CAFETAL: Lugar donde los fetos se reúnen a tomar café.

CALENTÓN: Entrenamiento excesivo en los preliminares, que puede traer como consecuencia la hinchazón exagerada del escroto y todo lo que contiene, aparentando una hombría o masculinidad a todas luces irreal.

CALENTORRA: Dama o damisela que está en condiciones de estar siempre en condiciones.

CALENTORRO: Hombre o jovenzuelo que siempre está en condiciones de dejar apaciguada a la **calentorra**.

CALIENTAPOLLAS: 1. Hembra del hombre que disfruta haciéndole creer al varón que, con sus zalemas, arrumacos y carantoñas, de un momento a otro le va a ofrecer la flor de su entrepierna, para luego, en el momento preciso y más inoportuno, disolverse en el aire, abrirse, darse puerta, desaparecer, salir de naja.

2. Dama reprimida, de aspecto mundano, jacarandoso e inhibido, que se deja palpar, besar e incluso morder y que, a la hora de arriar bragas, dice que le duele la cabeza o que se le ha hecho muy tarde.

CALIQUEÑO: Polvo o coito popular de matices castizos.

CALZÁRSELA: No se trata exactamente de comprarle unos zapatos a la dama, sino que es una más de las mil maneras que hay para denominar la batalla sexual. De ahí, y por extensión, que cuando un individuo ha tenido una aventura sexo-erótica obteniendo sumo placer, diga que «se ha puesto las botas».

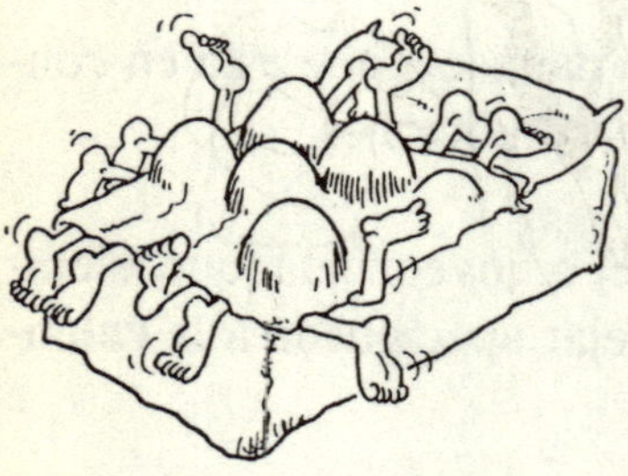

CAMA REDONDA: 1. Llámase «cama redonda», no a la que tiene tal forma circular, sino a la que soporta el combate sexual de varias personas a la vez, en profusa promiscuidad.

2. Desbarajuste sexual entre varias personas de varios sexos, sobre el mismo lecho todos, para poder justificar, los unos, su tendencia al mariconeo, y las otras, su tendencia a la homosexualidad. Y viceversa.

CAMASTRO: Cama de lujo del pobre, donde el pobre hace lo que puede el pobre.

CANCELAR: Celar al perro para que se porte como un hombre.

CAPULLO: También puede ser botón de las flores, especialmente de la rosa. No obstante es lo que es, pero depende de quien pronuncie el vocablo, pues si se trata de un camionero hercúleo, se referirá a la rosa. Pero si es una doncella insatisfecha o novicia restringida la referencia será al **glande** por pequeño que éste sea.

CARAJO: 1. Contracción de «cara de ajo».
2. El miembro sin contracción.

CASA DE LENOCINIO: Tomado del latín *lenocinium*. Oficio de alcahuete. Reciben este nombre las casas dedicadas al alquiler de coños y partes colindantes, donde, por una cantidad módica o a convenir —antiguamente— los hombres acudían a saciar su sed sexual, ora por excesiva juventud y carencia de hembra, ora por exceso de hembra y carencia de juventud.

CASCADA: Caída desde cierta altura del agua de un río por rápido desnivel del cauce, o caída, desde poca altura, del semen por rápida manipulación del pene. Y si no rápida, al menos, insistente y pertinaz. Existen famosas cascadas, aunque abundan más las desconocidas.

CÁSCARA AMARGA: Dícese que pertenecen a dicha «cáscara» los machos que se aparean con otros machos, por lo que ambos machos, por lógica, dejan de ser machos *ipso facto*.

CASQUETE: Polvo, coito, ensamble corpóreo, pero entre jóvenes, ya que dicha palabra alberga un matiz de desenfado y hermosa locura precoz. No sería muy apropiado decir que don Fulano y doña Fulana, ayer por la noche, estuvieron echando un «casquete». No sería serio.

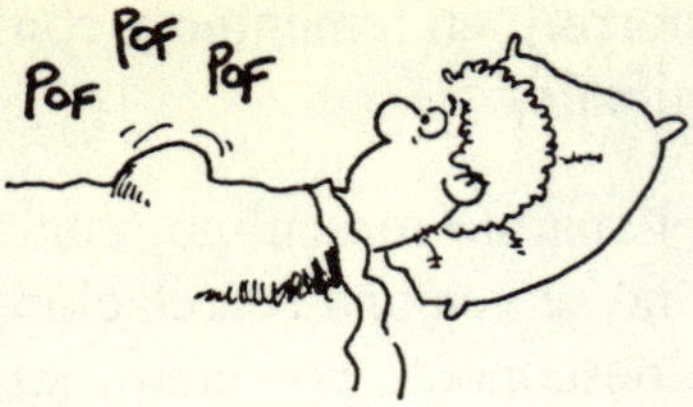

CASTIDAD: Antigua y vieja costumbre que consistía en estar el mayor tiempo posible masturbándose día y noche, sin que nadie llegara a enterarse.

CASTRADO: Hombre brutalmente o delicadamente desposeído de sus atributos genitales. Puede aplicarse, en sentido figurado, a todo individuo de ideas propias que molesta al sistema. En tal contexto, recordemos las figuras de Miguel Hernández, Machado, García Lorca, Alberti, Neruda y un largo etcétera de interminable nominación.

CATÁSTROFE: Barbaridad producida por la castración. Hasta hace pocos siglos, en Italia y otros lugares no menos amantes del *bell canto*, a los púberes que poseían una fina y exquisita voz se los castraba, porque así conservaban mucho más tiempo esta divina facultad, aunque así los dejaran sin ninguna facultad para otra cosa no menos divina.

CATAPLINES: Nombre que se da a los cojones, por quienes no tienen cojones para darle ese nombre.

CATAPUTA: Antigua máquina militar que servía para lanzar putas contra los castillos asediados.

CELESTINA: Dama en desecho que, por su decrepitud y falta de escrúpulos, se dedica a ligar parejas a cambio de pingües estipendios que le dan pingües ganancias. Es una especie de mamporrero en femenino y con personas, en lugar de con animales.

CIGALA: En catalán es el aparato masculino, aunque aparentemente no haya o no se vea una correlación física con dicho marisco. Se desconoce, por tanto, su etimología, lo cual tampoco es imprescindible para la realización del coito ordinario. Así pues, habremos de tener cierto cuidado en Cataluña si delante de señoras, hablando de cocina, mezclamos las «patatas» (véase **patata**) con las «cigalas».

CLARAPOLLA: Miembro descomunal y transparente que permite ver el cielo en días despejados.

CLEOPATRA: Reina egipcia que se enamoró de César porque no cesaba. Pero que cuando cesó de hacer «cuadros» se puso en otro «marco». Murió al darle de mamar a un áspid, al confundirlo con Jordi Pujol.

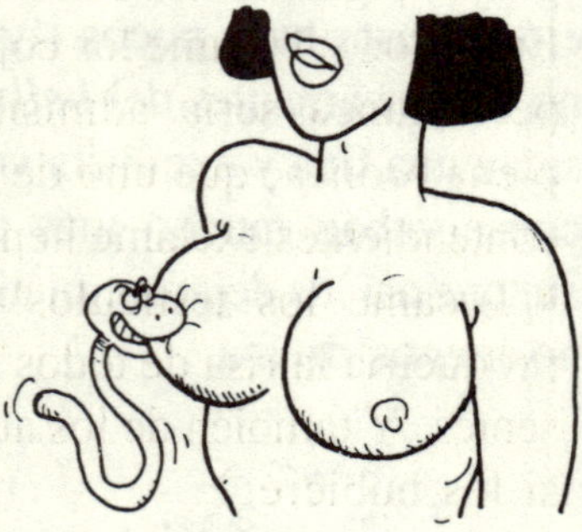

CLÍTORIS: Cuerpecillo carnoso eréctil que sobresale en la parte superior de la vulva, que se debe manejar con habilidad y destreza si no se desea recibir la carta de despido. Es la parte más sensible de la arquitectura femenina y la de mayor responsabilidad para el hombre, que, si demuestra su torpeza, puede ser sustituido inmediatamente por otro hombre, o, en caso de gran necesidad, por otra mujer. Se ignora si el clítoris es anterior al pene o viceversa, aunque sesudos investigadores aseguran ser ambos casi de la misma edad y procedencia.

COGER: Modo o manera argentina de cubrir a la hembra, y no precisamente con una manta. Ya se sabe que los argentinos, en materia de sexo, no dicen: «Así la tengo», sino «Así la *tango*».

COJÓN: Que tiene la manía de cogerlo todo.

COJONES: Eso que hay que tener cuando no se tiene nada. También son mal llamados «testículos», palabra a todas luces cursi que puede emplearse en muy raras ocasiones, ya que, en el lenguaje vulgar, se usa como insulto. Ejemplo: «¡Tócame los cojones!», pero nunca sería admisible, en plena bronca, que uno de los dos contendientes exclame lleno de ira «¡Tócame los testículos!», pues produciría la risa de todos los presentes. Y también de los ausentes, si los hubiere.

COJONUDO: Extraordinario, maravilloso, sensacional. En una palabra: «cojonudo».

COLILLA: Cigarrillo en estado terminal o pene en estado principiante. Aunque también pene en estado terminal.

COLOCARLA: Poner el pene en el lugar que le corresponde, donde no cause pena.

COLÓN PUSO UN HUEVO DE PIE: La frase ha llegado hasta nuestros días totalmente desvirtuada, puesto que se ha podido comprobar que la realidad es que *Colón se pisó un huevo con el pie.*

COME MELÓN: Se refiere a la degustación del fruto así llamado: melón.

CÓMEMELO: Ruego cariñoso que hace la mujer al hombre cuando ve que éste no se va a comer el bistec que con tanto amor le había preparado.

¡CÓMO LA TIENES!: Esta frase tiene varias acepciones. Si quien la expresa es una amante, es signo de admiración y aprobación. Pero si es la esposa, es una recomendación para que se la vea un médico.

¡CÓMO SE PUEDE SER TAN PUTA!: Frase cariñosa vertida en el oído de ella cuando la marcha ya está muy avanzada para seguirla excitando por medios auditivos, o reflexión del varón cuando todo ha terminado y va camino de su casa.

Dicen los augures que esta reflexión se la hizo Kennedy tiempo después de haber sido asesinado, y varios cientos de miles de millones de otros maridos que no fueron asesinados.

COMPLEJO DE EDIPO: Amor por la madre. Durante la pubertad, los jóvenes suelen enamorarse con frecuencia de la madre… de un amigo. Pero esta circunstancia no incluye el «complejo de Edipo» sino el simple ardor que aplaca la propia mano. El auténtico, el de verdad, es el que encandila a la criatura la madre que lo parió.

COMPLEJO DE ELECTRA: Llámase así a la imposibilidad mental que sufre el usuario para descifrar el recibo de la luz, hasta llegar a asimilar, sin protestar, que cada mes gasta más, aunque lo tenga todo pagado y apagado.

CONCUBINATO: Relación sexual, o en cercanías,

entre un hombre casado y su entretenida o «detalle». Llámase así cuando dicha relación se da entre personas de la media o alta sociedad. Si es de la baja, se denomina simplemente «lío» o «sinvergonzonería».

CONCUPISCENCIA: Algo de lo que hay que prescindir al mirar a la esposa, según recomendaciones éticas. De manera que, cuando el esposo pretenda fabricar un hijo, deberá coger el *Quiz*, ponerse a horcajadas sobre su mujer y solucionar todos los autodefinidos que le dé tiempo a hacer en cosa de media hora, que es el tiempo que le llevará el polvo progenitor.

CONCUPISCIENCIA: Inclinación libidinosa científicamente calculada y realizada. Polvo o coito —o viceversamente—, realizado más con la mente que con el ariete, encaminado a satisfacer al oponente o la oponente, por soterrados motivos inconfesables.

CONCHA: He aquí un término argentino para denominar el coño. Es, pues, palabra prohibida entre gentes de buen gusto y esmerada educación. En Argentina, naturalmente, no podríamos hablar inocentemente de las «conchas» marinas, o coños marinos.

CONDÓN: Funda hinchable en la que se introduce el pene para evitar tener prole, ser contagiado o contagiar alguna de las innumerables enfermedades «venerables».

CONEJO: Órgano sexual femenino roedor. Los hay de campo y de ciudad. Los de campo saben a tomillo y jara. Los de ciudad a tubo de escape. Ínclitos poetas le han dedicado cuartetas:

Porque sin ser tu marío,
ni tu novio ni tu amante,
soy el que más te ha querío,
conejo tengo bastante.

CONQUISTADOR: Hernán Cortés.

CONSOLADOR: 1. Adminículo fusiforme de suaves formas que, remedando el sexo masculino, puede ser tan hombre como el primero.

2. Familia del **vibrador**, muy semejante en cuanto a tamaño, peso y forma. Carece de la producción eléctrica, por lo que requiere una destreza manual que sólo consiguen los verdaderamente expertos o los maridos desahuciados como agentes en activo. También puede recibir este apelativo cualquier avieso y desaprensivo buitre humano al acecho de repentina viuda, cuyo desconsiderado esposo abandonó este valle de lágrimas en momento inoportuno, dejando sola y a su merced una mujer todavía en excelente estado de uso y abuso.

COÑÓN: Pieza de artillería con que la mujer hace rendirse al novio remiso en el casamiento.

COQUETEAR: Acción de expresión corporal o facial, cuyo fin es engatusar a la presa, dándole a entender que el engatusado es el provocador.

COQUETEO: Expresión corporal o facial, mediante gestos, miradas u otros trucos, con el fin de que la persona a quienes van dirigidos sepa que puede dejar de masturbarse.

CORNELIO: Nombre de varón que, las más de las

veces, sirve de rechifla y mofa, amén de burla y pitorreo, por conllevar implícita la alusión al cuerno en la frente del marido burlado.

CORNUDO: Aplícase al marido burlado, bien sea consentido, bien sea ignorante. Se desconoce etimológicamente la relación entre el noble animal astado y el cabrito humano. Todo animal de esplendorosa cornamenta es digno de admiración y respeto, en tanto que el hombre así llamado es punto de befa, mofa y escarnio. Afortunadamente, la infidelidad en la mujer se da en muy raras circunstancias. Acaso no llegue a un 90 por ciento.

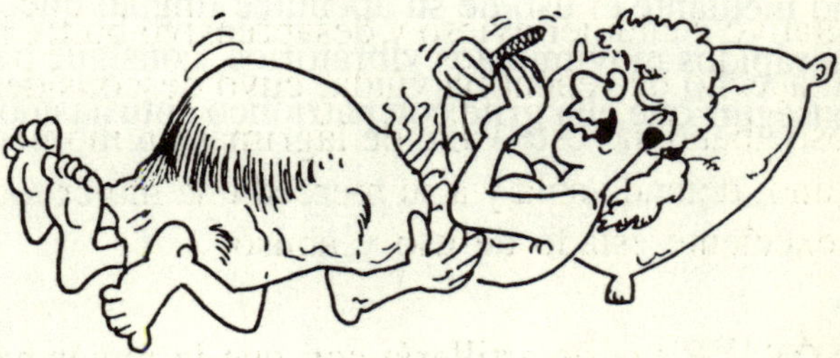

CORRERSE: Verbo transitivo que no entraña desplazamiento ni mutación de lugar en su acepción erótica, sino eyaculación o simulación de la misma, lo que viene a ser frecuente en la fémina que trata con hombre vanidoso.

CORREVEIDILE: Hombre que sonsaca a una mujer para usos lascivos. Alcahuete, garbanzo, pipa, chufa, peladilla, almendra.

CORRIDA: Eyaculación precoz, a los cincuenta y cinco años.

CORRUPTOR DE MENORES: Dícese del que abusa de los enanos.

CUCARACHA: Nombre común que daban las putas a los curas que las llevaban al lecho con el fin de convertirlas... en juguete de sus caprichos. Estas «cucarachas» no morían por efecto de los polvos. Al contrario, éstos las vivificaban más todavía.

CUNNI LINGUS: Exploración vaginal que hace el macho mediante el uso de su apéndice lingual que, mediante rápidos movimientos vibratorios, consigue o trata de conseguir que ella grite con patriótico entusiasmo.

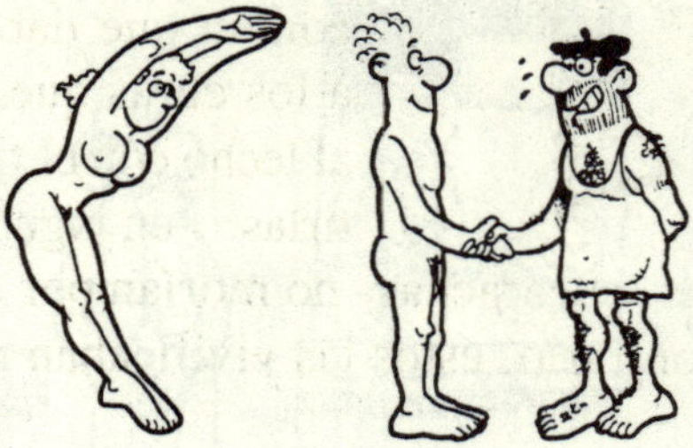

CHINGAR: Joder, poseer, violar, cubrir. Pero, además, cantando.

CHOCHEAR: Fabricar chochos, comer chochos, llorar por no poder hacer ninguna de las dos cosas. Se suele chochear a partir de esa edad en que ya no. Que no hay manera. Que es inútil. Que es como si te la machacas.

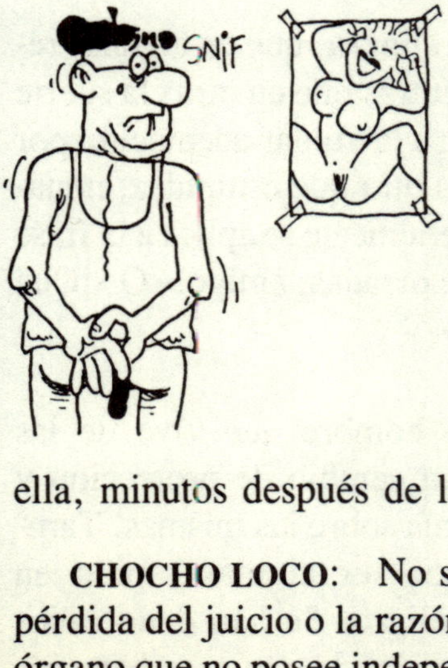

CHOCHETE: Palabra cariñosa vertida en el oído de ella, minutos después de la puesta en marcha.

CHOCHO LOCO: No se debe interpretar como una pérdida del juicio o la razón del chocho, pues es éste un órgano que no posee independencia mental al carecer de cerebro, sino una especie de metáfora, más o menos pintoresca, que alude a la volubilidad de la mujer caprichosa y muy liberada sexualmente. Ejemplos históricos los tenemos en Cleopatra, Catalina de Rusia, Ninón de

Lenclós y otras, hasta Jacqueline Kennedy-Onassis, que fueron verdaderos y furibundos «chochos locos».

CHORRADA: La palabra **chorra**, que en algunas regiones significa «suerte», mientras que en otras la suerte es tenerla y grande, da origen a la vulgar aceptación por la que se la conoce, que no es otra que estupidez, nonada, mentecatez e idiotez. Generalmente se aplica a la frase mema. Ejemplo: «No digas chorradas, amigo.» O «¡Qué chorrada tan graciosa, jefe!»

CHULO: Llámase así al hombre que vive de las mujeres, o a costa de ellas, a cambio de protección y representación de su hegemonía sobre las mismas. También recibe este nombre por ser el más rápido en la huida cuando las ve en peligro. Se han dado casos de chulos que, al ver atacada a su hembra, se han uni-

do al atacante y la han puesto morada entre los dos. El «chulo», por regla general, no es una persona recomendable.

CHUMINO: Coño, papo, etc. Tan sólo si lo vemos escrito con «y» griega, podría tratarse de coño de «dibujante» aquejado de todas las enfermedades.

CHUPAMEDIAS: Esta «bastedad» metafórica no implica el pase de lengua por la prenda de punto que cubre desde el pie a la cintura, sino la argentina y vil sumisión de la persona rastrera que trata de medrar o alcanzar altas cotas sociales a costa de la propia dignidad. Es propio de argentinos, y de extranjeros en Argentina.

CHÚPAMELA: Ruego que hace el varón a la hembra de que le succione el pene o se lo introduzca en la cuenca bucal, por ver si, mediante tal subterfugio, el pingajo masculino adopta una posición más digna y altanera.

CHÚPAMELO: Ruego que hace la hembra al varón de que le succione el clítoris, ya que teme carecer de orgasmo, si sólo cuenta con ese pingajo masculino, que más puede parecerse a desperdicio de casquería que a emblema de varón rampante.

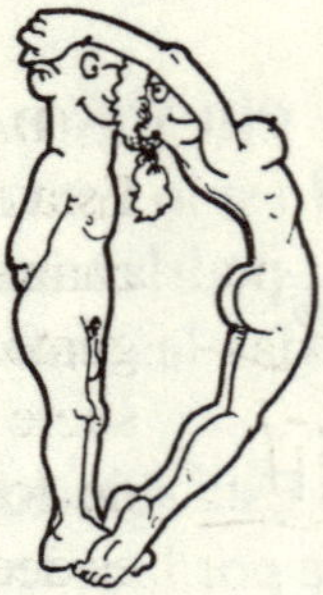

DAME LA LECHE: Sencilla petición de sobremesa cuando alguien no alcanza la tetera.

DAME LA LENGUA: No infiere pretensión de regalo físico del apéndice bucal, sino mero intercambio del mismo.

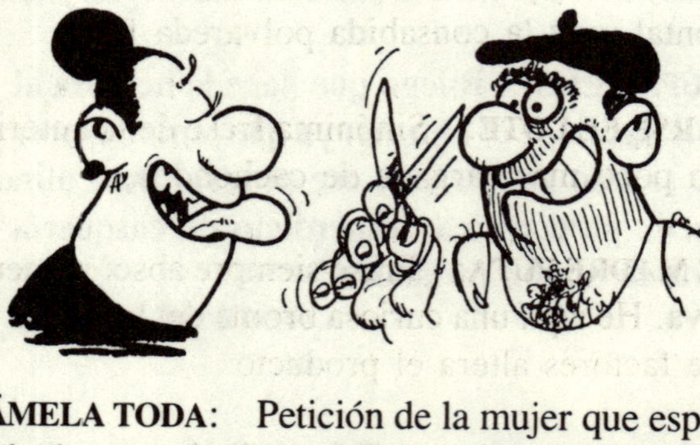

DÁMELA TODA: Petición de la mujer que espera ser anegada de un momento a otro, o petición de la paga del esposo, que pensaba sisar un curioso porcentaje de su sueldo o jornal.

DAR POR EL CULO: Equivocar el camino a sabiendas de que el camino está equivocado. Apretar dos cuerpos en la misma dirección.

DAR UN BRAGUETAZO: Esta expresión, a todas luces chabacana y vulgar, del peor gusto y carente de elegancia, suele aplicarse cuando uno de los próximos cónyuges, es decir, uno de los que están a punto de casarse, no tiene una pela que llevarse al bolsillo, en tanto que su pareja es dueña de una cuantiosa fortuna. Todos sabemos que al matrimonio únicamente se va por amor, pero en raras circunstancias, la codicia lo sustituye. Ejemplo: Seguro que a todos se nos ocurre alguno, ¿verdad?

DARSE EL FILETE: Intercambio mutuo de besos, zalemas y otros preliminares, encaminados a la posición horizontal, con la consabida polvareda final.

DARSE EL LOTE: Sinónima frase de la anterior, tal vez un poco más cargada de cachondeo.

DE MADRE PUTA: Frase siempre absolutamente peyorativa. He aquí una curiosa broma del lenguaje. El orden de factores altera el producto.

¡DE PUTA MADRE!: Frase-adjetivo que sirve para loar o ensalzar un hecho, caso o circunstancia. Siempre se usa en forma admirativa.

DEDO GORDO: Apéndice sustitutorio manual para caso de apuro.

DESCOJONARSE: Risa, algarada, carcajada, alegría espontánea. Jamás confundirla con desprenderse de los

cojones, lo que suele molestar en demasía si se hace de manera violenta.

DESEAR: Anhelar, pretender, perseguir algo. Aunque ese algo, normalmente, suele estar entre las dos piernas. O al lado de una, si se trata de mutilado de extremidad inferior. O mutilada.

DESEMBRAGAR: Esta palabra se refiere únicamente a una maniobra que se realiza en el automóvil para cambiar de marcha. Pero cuando se refiere a la pareja, es decir, quitar la braga de la mujer, no es para cambiar la marcha, sino para «ponerse» en marcha. La confusión viene de que también en el coche se «desembraga» a la mujer —aun cuando no lleve esta prenda, cada vez más en desuso—, pues de todos es sabido que el coche es la «cama de urgencia» de la pareja salida, que no tiene otra salida.

DESVIRGAR: Lograr el traspaso del himen, no mediante transacción bancaria, sino horadándolo mediante el empuje natural con el ariete también natural, pero nunca descomunal.

DEVORADORA DE HOMBRES: No significa necesariamente que se trate de una mujer caníbal, sino de que los consume con sumisión, con su pasión y con su «ivaginación».

Catalina de Rusia se tiraba de los pelos cuando no se podía tirar a un oficial por los pelos. Se dice que consumía

o degustaba en el lecho a más de veinte por noche, a diferencia de Gunila de Guinea que, además de tirarse los veinte por noche, los mandaba decapitar —pitar diez veces— antes del amanecer.

¡DIOS MÍO!: Este tipo de oración exclamativa suele tener un significado ambiguo. Por una parte: «¡Ay! ¿Qué he hecho yo?». Y por otra: «¡Ay, que no puedo hacer!» A partir de cierta edad, esta segunda es la que más usa el hombre, por lo que se ve obligado a toda clase de subterfugios, artimañas y trucos, con el fin de quedar hecho... una mierda, pues a ella no hay quien la engañe.

DONJUÁN: Cuando forma una sola palabra, refiérese a un personaje obsoleto que solía contar en público sus míticas actuaciones sexuales con una o varias mujeres, y que, según Marañón, en el fondo se trataba de un «pedazo de maricón» como la copa de un pino, si bien es verdad que aún no se conocen las actividades homosexuales de ninguna copa de pino.

ECHAMOS OTRO?: Frase corta que dirige un dueño de una empresa a otro cuando, por ahorro laboral, han despedido a un obrero.

ECHAR DOS POLVOS DIARIOS: Igual que decir que se echa uno, pero ya mereciendo que le den un par de hostias.

ECHAR MANO AL PAQUETE: Echar mano al paquete.

ECHAR UN PALO: Avivar el fuego de la chimenea. Y cuando la habitación está bien caliente, echar un polvo. O un palo, que viene a ser lo mismo.

ECHAR UN POLVO DIARIO: Tener menos de treinta años o ser más falso que el espíritu de Judas.

EL FRANCÉS: Lamer, en español. Es decir, lamerlo.

EL HOMBRE Y EL OSO CUANTO MÁS FEO MÁS HERMOSO: Frase pronunciada por Isabel de Inglaterra. Sólo una mujer así podría decir una gilipollez semejante.

ELEVADOR: Vulgarmente conocido por «ascensor», aunque también podría usarse, cambiándole el formato, como artefacto recuperador de penes desfallecidos y con poca confianza en sí mismos.

EMBARAZAR: Obrar con la mujer de manera que ésta, a los nueve meses, traiga un hijo de puta al mundo, si es macho. Y si no, también.

EMPALMARSE: No quiere decir que uno puede sumarse a sí mismo y aumentar la propia longitud corporal, sino que hace referencia al aumento del sexo masculino en cinco o seis veces su tamaño natural, que, en la mayoría de los casos, produce risa y conmiseración por su escaso volumen.

¿EN QUÉ ESTÁS PENSANDO?: Pregunta que preferiblemente no debe ser contestada si se quieren evitar disgustos en el último momento. La malsana curiosidad puede conducir a situaciones irreversibles que no se arreglan ni con lágrimas ni con otra sortija, vestido o visón. La santa ignorancia puede ser el refugio y felicidad de muchos matrimonios.

ENCOÑARSE: Encariñarse con el coño. No con el propio, pues no es ésta manía femenina —ni siquiera en el caso de la masturbación propia— sino obsesión masculina, fijación irresistible hacia la «patata», en el caso catalán, o, como la misma palabra dice, al coño, en el resto del paisaje patrio. El «encoñamiento» en grado excesivo puede ser muy peligroso, pues ofusca la razón y enturbia el entendimiento, haciéndolo parcial y poco razonador. Puede servirnos de ejemplo los innumerables casos que se han dado de maridos respetabilísimos que han abandonado a sus respetabilísimas esposas por una simple jovencita de veintiún años, cuya única virtud era estar maciza.

ENMERDAR: Obsérvese que si la primera «r» fuese una «n», la palabra significaría rectificar un error. Pero tal como está escrita quiere decir llenar de mierda, em-

peorar, confundir, hacerlo cada vez peor. De ahí la súbita caída de muchos políticos que, al no saber «enmendar» su trayectoria, han «enmerdado» su vida.

ERES UN HIJO DE PUTA: Sutil contestación de la dama ante la sutil indirecta del varón de ¿Quieres follar?, como para darle a entender...

ESA MUJER ESTÁ COJONUDA: Eufemismo no carente de grosería, que sirve para indicar el buen estado físico apetente que presenta, sin que ello quiera decir o indicar que es portadora de atributos sexuales masculinos.

ESFÍNTER: Músculo en forma de anillo con que se abre y se cierra el orificio anal. Suele hacer lo segundo a la terminación de la excreción. Y lo primero al principio o final de la aventura homosexual.

ESTÁ BIEN QUE TE TIRES A MI ESPOSA, PERO NO QUE TE LIMPIES LA POLLA EN LAS CORTINAS: Esta larga frase, por demás expresiva, es un ruego al ofensor para que no abuse de su malignidad lasciva, como queriendo decirle que se acepta la humillación, pero no el regodeo en la misma.

Se trata de una postura de impotencia, pero deseando con cierta humildad la salvaguardia de un resto de dignidad y honor en el ofendido.

ESTAR JODIDO: Estar molesto, intranquilo, preocupado, con problemas de índole material o psíquica. En pocas palabras: estar jodido.

ESTAR SALIDO: No indica fuga ni liberación de recinto cerrado, como prisión, cárcel o mazmorra. Se trata de un estado anímico de connotaciones sexuales de acento exagerado.

Algo así como «estar cachondo» hasta grados incontenibles que, en el caso del hombre pueden dar lugar al rompimiento de bragueta, y en el caso de la mujer a la inundación bragal.

¡ESTÁS QUE CRUJES!: Hacer cierto ruido algunos cuerpos cuando luden con otros o se rompen, como rasgar telas y frotar unos dientes con otros.

Aplicado a la persona, se torna en figura literaria de baja estofa y da a entender a la otra/u otro que está como un tren, lo que tampoco significa que la semejanza sea tal que se pueda confundir con el vehículo del ferrocarril, sino que está de puta madre, que tampoco esto implica «madre ramera», sino que está para comérsela, lo que tampoco implica un caso de canibalismo, etc.

ESTÓMAGO: Lo que hay que tener para comer, y lo que hay que tener, en ciertos casos, para joder.

EYACULACIÓN PRECOZ: Eyaculación a los doce o trece años por culpa de la chacha, de la prima o del muslo de tía Herminia.

EYACULAR: Expeler el semen al tiempo del orgasmo, haciendo que ella goce y él respire tranquilo, a partir de los cincuenta. La eyaculación es uno de los más antiguos inventos de la Humanidad, aunque se desconoce el autor. Tal vez provenga del hombre primitivo, o de un antepasado suyo. De usted, lector.

EX CITARSE: Haberse citado anteriormente. Si la partícula «ex» va unida, entonces se trata de lo que se trata. ¿O es que se lo tengo que decir más claro?

FACILONA: Llámase así a la mujer que no muestra grandes inconvenientes para yacer con un varón o similar. Este adjetivo solamente se suele aplicar a la mujer, pues en el hombre, sería redundante, ya que es escaso el individuo que no es proclive al ayuntamiento carnal, en cuanto la hembra sea mínimamente potable o apta para el escarceo. Bien es verdad que la «facilía» en la mujer depende de la habilidad o pericia del hombre, o del grado de gilipollez mental que almacene su vanidad.

FALOCIA: Pene que engaña, defrauda y miente. Es

decir, algo casi humano, hecho con el miembro también humano.

FALOCRACIA: Gobierno de un pueblo por medio del falo. Se usa de modo represivo. De ahí la frase «falo y tente tieso», lo que es difícil de conseguir dada la vulnerabilidad del pene, que se pretende siga enhiesto después de haber golpeado al personal de manera contundente. No obstante hay mujeres que sueñan con ser golpeadas fálicamente para satisfacer su libido, o para destrozarle el glande al flagelador.

FELIPE NOS TIENE JODIDOS: En gran parte de los casos se trata de ilusorios sueños, añoranzas utópicas, soterrados deseos de difícil consecución.

FELPUDO: Dícese del pubis femenino bien poblado capilarmente.

FELLATIO: Mamarla/o, chuparla/o, etcétera/o.

FETAL: Perteneciente o relativo al feto. Véase **cafetal**.

FIDELIDAD: Truco de difícil descubrimiento, mediante el cual uno o los dos que componen la pareja, vive convencido de ser el único objeto del pensamiento del contrario, especialmente durante las batallas sexuales, que es únicamente cuando ambos piensan en alguien que en ese momento no está allí.

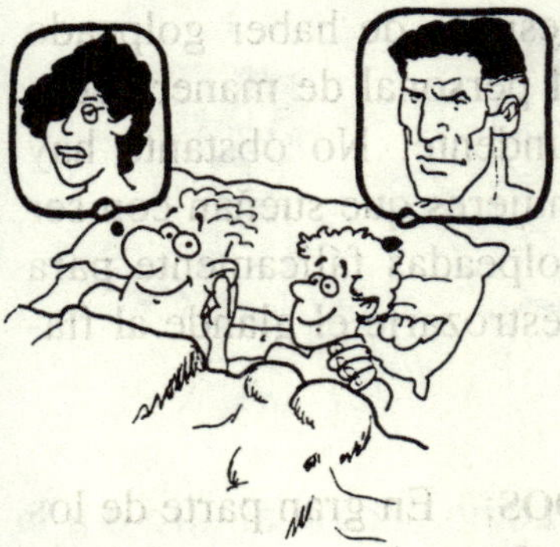

FITOFILIA: Amor sexual por las plantas. Aunque tal evento pueda parecer descabellado, hay personas que excitan su libido con las plantas, bien sea un opulento árbol, o una humilde maceta. Hay acacias y buganvillas a las que, un obseso enamorado, les ha puesto un piso y hasta les ha dejado su fortuna en herencia. De cualquier manera, esta desviación sexual es de difícil digestión mental, puesto que no es fácil concebir ni imaginar una loca pasión por un geranio, ni perder la razón en un ataque de celos por un crisantemo.

FITOPAUSIA: Si tenemos en cuenta que «fitos» quiere decir «planta», es evidente que esta palabra nos indica la imposibilidad de levantar el «nabo» pero no el pene, pues éste no tiene nada de vegetal.

FLAGELO: Instrumento para azotar con el que los clérigos y monjes de ésta y otras épocas se castigaban con el fin de no volver a caer en la tentación, en la que caían todas las noches, gracias a Dios y por muchos años.

FLIRTEAR: Es algo así como decirle al otro o a la otra que tal vez, que es posible, que insista pero que no se note, que él o ella estaría dispuesto/a, seguramente. Que disimule, aunque no mucho, pero sobre todo que se fije en sus ademanes y en sus sutiles indirectas. Que si lo va entendiendo, el uno o la otra, pueden acabar en conjunción «copulativa».

FOLLÓN: Jamás debe aplicarse al que folla de manera desmesurada.

FORNICADOR: Dícese o aplícase al individuo que, pese a haber contraído nupcias, se ejercita en el amor sexual con otra mujer que no es la suya, ya que, si fuera la suya, no recibiría el nombre de «fornicador», sino el de «iluso soñador» o «raro especimen humano».

FORNIDO: Fornicador musculoso, capaz de follar hasta con la propia esposa. Lo que no deja de ser un acto de heroísmo en un 90 por ciento de los casos.

FRAILE: Acepción infantil, especialmente en los medios rurales de Castilla, del glande o prepucio. No se explica una fácil correlación, ya que ambas alusiones son evidentemente dispares; si bien es verdad que un «fraile» goza de prepucio, en tanto que un prepucio rara vez hace gozar a un «fraile».

FRANCÉS: En este caso no es lo mismo «ser» que «hacer», ya que con lo primero se expresa la nacionalidad, mientras que, con lo segundo, se expresa el anhelo de degustar el pene por vía bucal.

FRÍGIDA: Mujer capaz de acostarse con Paul Newman y conseguir que no se enteren ninguno de los dos.

FULANA: Si no lleva el apelativo de «de Tal», es sencillamente puta. Y si lo lleva, también puede ser puta. Depende de la mala leche del hombre, que suele ser el culpable de tales agravios nominativos.

FUMÁRSELA: El lenguaje vulgar ha convertido este

verbo transitivo en la acción sexual de cohabitar con fémina, lo que demuestra la desmesurada imaginación del pueblo llano, por haber llegado a ligar tal acción con el hecho de degustar un cigarrillo o un cigarro puro.

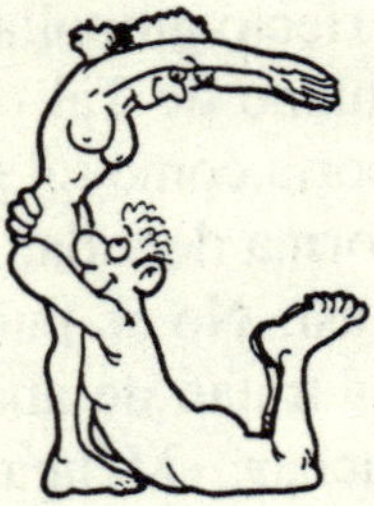

GALLARDA: Pese a su posible significado de orgullo y petulancia, una «gallarda» es otra expresión de la clásica paja castellana, y no la del trigo.

GARGANTA PROFUNDA: Título de una película de sospechosa calidad artística, en la que se demuestra que toda garganta femenina, bien entrenada, es capaz de deglutir cualquier tipo de pene, por exagerado que sea en todas sus dimensiones.

GATILLAZO: Véase **Menopausia masculina**.

GILIPOLLAS: He aquí una de las palabras más ricas en matices y de más ambiguos significados. La gilipollez puede ser al mismo tiempo signo de estupidez y de bondad, pero en modo alguno el gilipollas es siempre un tonto, ni mucho menos. Se puede ser gilipollas «molesto» e insoportable, persona de la que huyen las gentes de buen juicio. Y así es fácil oír: «A ese tipo no hay quien lo aguante. Es un perfecto gilipollas.» Como también se puede escuchar: «Fulano de Tal es una buena persona que a veces se comporta como un gilipollas.» O a quien lleva una perfecta norma de vida, sus íntimos le dicen: «No se puede vivir así. No se puede ser tan gilipollas como eres tú. Todos tratan de abusar de ti.» De igual manera es fácil escuchar: «Mengano de Cual es inteligentísimo, cultísimo, riquísimo y simpatiquísimo, pero es gilipollas perdido.» Hasta se podría ser un premio Nobel y totalmente gilipollas. Incluso yo podría ser gilipollas. E incluso usted, lector, y con mayor motivo, pero no vamos a discutir eso ahora.

GLANDE: Normalmente, pequeño.

GOLFA: Mujer puta, fulana. Madre, mujer o hermana de otro. Nunca nuestra.

GOLFO: Pilluelo o vagabundo, por cuya causa, el mundo árabe y el resto, han podido «joderse» mutuamente.

GONORREA: Una de las muchas enfermedades «venerables» que se adquieren por el exceso de confianza o el exceso de falta. Es sumamente contagiosa, por lo que hay que desconfiar hasta del más amigo, y no dejar a la propia esposa sola con él en una isla desierta más de seis o siete años, ya que, en tal circunstancia existe la remota posibilidad de que, entre ambos, surja un imprevisto erótico.

GRIEGO: Natural de Grecia. «Hacer el griego», en el argot sexual, es sencillamente, lamer el culo. Pasar la lengua por el ojo del culo, con el mismo entusiasmo y vehemencia con que se adula a un superior.

HACER EL FRANCÉS: Su técnica es parecida a la de «hacer el griego», pero en este caso degustando pieza masculina.

HACERSE UNA GAYOLA: Otra manera de turbarse más o estar masturbado.

HAY MADRE: Que tiene madre.

HIJO DE LA GRAN PUTA: Frase de ambigua interpretación que puede usarse como halago y como insulto. En el primer caso, como halago. En el segundo, como insulto.

HIJOPUTA: Palabra compuesta o sintetizada de «hijo de puta», pues sería incongruente y no concordante llamarle a una persona «hijo» y al mismo tiempo «puta». Sí tendría sentido decir «hija puta» o «hijo puto», correspondiéndose así los géneros masculino y femenino. No obstante, la palabra «hijoputa», por tradición, forma parte del enorme catálogo de insultos que, a su vez, también pueden ser piropo.

HIMEN: Repliegue membranoso que reduce el orificio externo de la vagina mientras conserva su integridad, durante los cinco o seis primeros años de vida.

HOMOSEXUAL: Persona que practica la **homosexualidad**. Decimos «persona» porque puede tratarse de mujer, hombre o yanqui.

HOMOSEXUALIDAD: Estado libre del hombre concerniente a su sexualidad, en el que puede elegir entre dar o tomar por el culo, sin trabas que influyan en su elección.

HUEBÓN: Adjetivo chileno que entraña insulto cariñoso. Puede escribirse con «v», pero en este caso

se aludiría a una posible orquitis, producto de un exagerado recalentamiento proporcionado por una ya mentada **calientapollas**.

HUMEDECER: Lubrificar el sexo femenino para que sea ella quien lleve la iniciativa.

IMPOTENCIA: Palabra ésta que puede engañar por su doble y contradictorio sentido. En un caso puede aludir a la imposibilidad de realizar el acto sexual, al no conseguir la suficiente erección del pene por falta de riego sanguíneo, o, también, todo lo contrario, a la imposibilidad de realizar el acto sexual al no conseguir despegarla del pecho.

INVERTIDO: Dícese del que comete sodomía, que es el concúbito entre varones o contra el orden natural. Es... ¿cómo les diría yo?... Sencillamente, el que toma por el culo.

IR DE PICOS PARDOS: Ir de putas, pero dicho ante señoras bien reputadas.

IR DE PUTAS: Vieja costumbre, ya en desuso, que consistía en hacer un recorrido por las distintas ca-

sas de lenocinio, en compañía de varios amigos —también sin un céntimo— con el fin de que, con la impresión de que uno se iba a «ocupar», alguna de las presuntas nos echara mano a la sedienta verga, lo que serviría más tarde de acicate durante la inevitable paja camera.

IRSE: No quedarse, no contenerse, no saber aguantar, para luego tener que aguantar lo inaguantable.

IZAS, RABIZAS Y COLIPOTERRAS: Putas, putas y putas. De cualquier manera son palabras en desuso que hoy sonarían cursimente cacofónicas, pues no es fácil imaginarse a un hom-

bre que diga: «Ayer tuve una aventura con una iza.» O «Esta tarde me voy a tirar a una rabiza». O «Mañana tengo un plan con una colipoterra». Inconcebible en un hombre normal, excepto si se trata del duque de Bala.

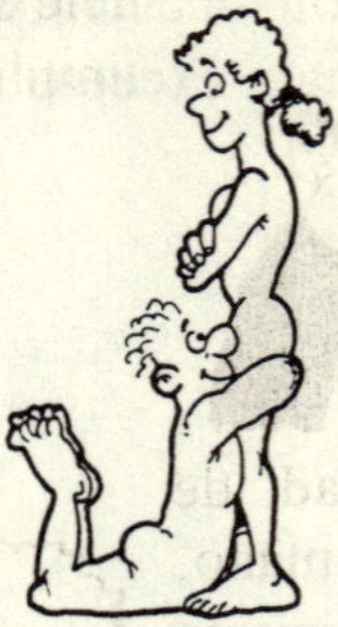

JADEAR: Respiración más o menos acentuada y angustiosa que tiene por fin hacer creer a la pareja que se lo está pasando uno/a como cuando estaban solteros.

JAPUTA: Pez teleósteo del suborden de los acantopterigios, en forma de media luna, que es comestible apreciado. Pero, ¿verdad que parece que se está llamando a alguien «hija de puta»? En serio, ¿verdad que parece eso? Sin embargo, sólo es pez teleósteo. Y además acantopterigio. Que muy pocas cosas pueden ser en este mundo acantopterigias. ¿O no?

¡JESUS MÍO!: Exclamación peligrosa cuando él no se llama Jesús.

JODED: Orden que suele dar el que ya no puede cumplirla.

JODENTUD: Edad de primavera del ser humano, cuyo espiritual romanticismo consiste en no dejar de pensar en penetrar o ser penetrado/a.

JODES MÁS QUE UNA CHINA EN UN ZAPATO: Ilógica expresión de imposible realización. No pasa de ser una figura retórica. Tal vez algún político haya podido decirla en algún momento.

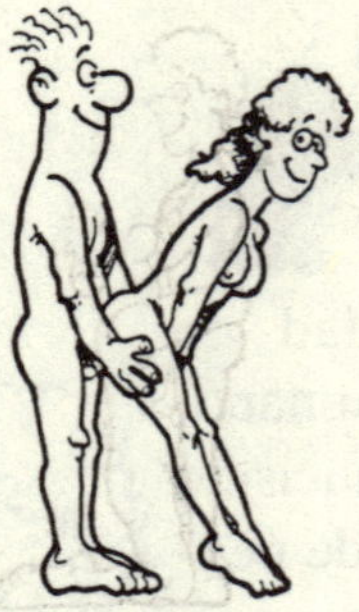

KOITO: Polvo japonés.

LA LECHE QUE TE HAN DAO!: He aquí una muestra más de una expresión ambigua que puede mostrar desprecio o admiración. Su terminación en «ao» le da más fuerza y vigor. Observen, en caso contrario, lo cursi y redicho que resultaría decir: «¡La leche que te han dado!»

¡LA MADRE QUE TE PARIÓ!: Esta exclamación, como muchas otras que vamos viendo a lo largo de este libro, tiene un doble significado, en un caso peyorativo y en otro de loa y alabanza. En el primero es un insulto directo, aludiendo a la madre como maldición. En el segundo, sin embargo, es frase de admiración, de asombroso respeto. Podría decirse que hasta de adoración y absoluta sumisión. En este caso, la madre ocupa el lugar taumatúrgico del ser que fue capaz de «crear» esa maravilla que es la persona a la que se dirige la frase. Generalmente se usa con el primer significado.

LADILLAS: Especie de marisco diminuto que suele habitar en las zonas genitales de las personas vivas, principalmente el pubis y, ocasionalmente, en las cejas, que causa una desagradable desazón con su picor insoportable. Son fácilmente adquiribles, más por su contagio que por su compra, ya que no figuran en mercado ni se cotizan en bolsa. La ladilla común es terca y obsesiva, pues se incrusta en la piel con la misma terquedad que la madre política suele frecuentar el hogar de su prole, con la leve intención de permanecer en él el resto de sus días y sus noches. Para los que no tengan una idea, ni siquiera aproximada de lo que es una ladilla, les diré que es como una nécora enanísima y mucho más desagradable.

Por otra parte, la especie que nos ocupa tiene su mejor caldo de desarrollo en zonas carentes de higiene o de poco entrenamiento en este sentido. Por lo que es más fácilmente encontrable en personas de paupérrima condición, o en personas envidiablemente acomodadas, pero con aficiones de puerco, marrano o cerdo. No es elegante hablar de dichos animales en conversaciones entre personas cultivadas, porque ellas ya los conocen por trato directo.

LAMECOÑOS: Dícese del que lame los coños.

LAMECULOS: Dícese del que lame los culos.

LAMELIBRANQUIOS: Dícese del que lame los «librànquios».

LAMEPOLLAS: Dícese del que lame las pollas.

LAMER: El mar, en francés.

LAMERÓN: Pelota, adulador, cobista, chupamedias, halagador, lisonjero, melifluo, meloso, panegirista, obsequioso, zalamero, lameculos, pelotillero, tiralevitas, roncero y lavacara. Y todo esto con la lengua de la boca, no con la del idioma. La Historia está llena de estos sujetos, que se pasaron la vida medrando y a lo más que llegaron fue a triunfar.

LAS VI, ANA: Solapada amenaza de la sirvienta a su ama, advirtiéndole de que, si no le sube el sueldo, se chivará al marido de que la señora es de la cáscara amarga, según ella pudo comprobar a través del agujero de la cerradura.

LÁTIGO: Especie de flagelo, no siempre destinado a causar sufrimiento, pues en el caso de los pervertidos masoquistas, la latigación supone un placer de dimensiones descomunales. Existen profesionales de la flagelación que cobran elevadas cantidades de dinero por propinar palizas, que nada tienen que ver con los interrogatorios policiales en ciertos países, ya que en el nuestro ésta es costumbre inexistente. Naturalmente se han dado contadísimas excepciones, por las que un inocente ha sufrido latigación o flagelación. Mas, cuando esto ha ocurrido, inmediatamente las autoridades han presentado toda clase de disculpas, excusas y perdones, prometiendo que no volverá a ocurrir. Continuando en el terreno de lo erótico, la latigación es de antiquísima tradición. Se dice que Atila, antes de entrar en combate, en lugar de masturbarse ordenaba que le dieran veinte latigazos sobre su cuerpo desnudo. Inmediatamente después, el ejecutor era decapitado por no haber entendido que hay cosas que no se deben tomar al pie de la letra.

¿LE GUSTA LAMERME LADA?: Pregunta de doble sentido, según donde se haga la pausa, si después de la sílaba «mer», o después de la sílaba «me».

LECHE: Líquido blanco que segregan las mamas de las hembras de los mamíferos, y los penes de los machos de las hembras de los mamíferos.

LENGÜETADA: Si la practica el hombre, angustiosa señal de S.O.S. ante la penosa dificultad de seguir aparentando. Si es ella, terrible señal de que a él le pasa lo que se ha dicho.

LESBIANA: Véase **tortillera**.

LIARSE: Adquirir compromiso de concupiscencia por un período no menor a la hora ni mayor de dos o tres años. Se calcula en un 99 por ciento las personas que se han «liado» a lo largo de su vida, y, en algunos casos, más.

LIBIDINOSO: Manera más o menos suave de decir que un hombre es aficionado a los juegos de cama con persona dentro, ya sea mujer, ya sea maricón también como él. Son personas esclavas de su propia libido, lo que suele producir una pena inmensa. Prueba de ello es que hasta anduvo en cantares:

La Libido, la Libido tiene,
tiene una pena la Libido,
que se le han puesto las sienes
moraítas de martirio.

LIBRO: Exclamación del marido que está de guardia por su oficio, y esa noche no tiene que cumplir con la esposa. También puede tratarse de un objeto encuadernable con hojas escritas —en las que se cuentan historias y leyendas— de raro y escaso uso entre nuestras costumbres. Llámase «lector» al que hace frecuente utilización de tal artefacto, lo que no estaba bien visto por nuestros antepasados, pues se pensaba que podía embotar las mentes y entorpecer la oración.

LO HE PASADO COMO NUNCA: Frase de ambos sexos y de ambigua interpretación. Sirve para el halago y para el insulto.

LUDIR: Juguetear, retozar amorosamente, yacer y gozar del sexo. Naturalmente es verbo de uso infrecuente, pues se podrían alcanzar las más altas cotas de la cursilería amorosa, si llegáramos a decir: «Acabo de estar ''ludiendo'' con una dama, cuyo nombre no debo mentar por discreción, pero sí el de su marido que es don Fulano de Tal.»

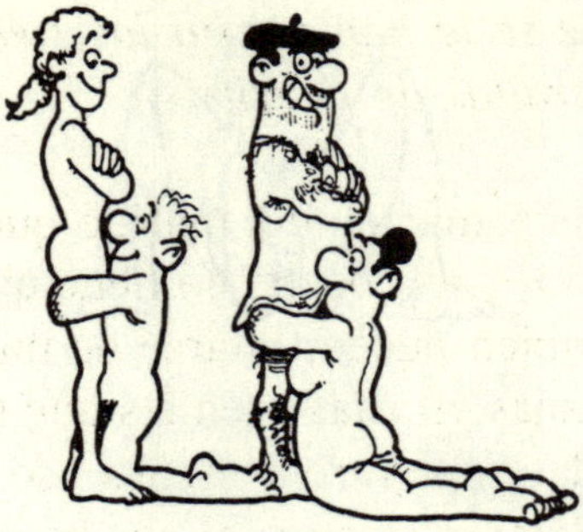

LLEVÁRSELA AL CATRE: Dentro del mundo de la canalla humana, faltos de elegancia en la expresión, esta frase es paradigmática del mal gusto y la expresión zafia, propia de chulos tabernarios o profesionales del proxenetismo. Su significado, dicho con la mayor delicadeza, es, sencillamente, tumbarla en la cama y echarle un polvo.

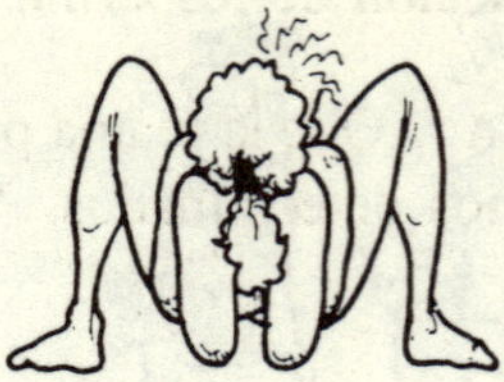

MACHACÁRSELA: Denominación brutalmente grosera, zafia y municipal, de lo que es, simplemente, una masturbación más o menos acelerada.

MACHO CABRÍO: Figura demoníaca con la que cohabitaban las brujas en la Edad Media —los veinticinco años— en sus noches de aquelarre. Parece ser que, pese a lo que se haya dicho, éste tenía más de «cabrío» que de «macho».

MAGREAR: Comprobar la naturaleza del paño antes de encargar el traje.

MAMÁ: Orden argentina de que se la mamen.

MAMADA: Podría ser contracción de «mi amada»,

desde un punto de vista rural o escasamente académico, pero realmente se trata de la *fellatio* o chupada de miembro hasta la extracción del esperma vitalizador.

MAMARRACHA: Que la mama por rachas, por momentos, en espacios determinados. Y además es tonta y ridícula.

MAMELLES: Esta palabra suena a animal con una o dos jorobas. Sin embargo, y dada la versatilidad del catalán, se trata simplemente de las tetas, pechos o senos de la mujer. Si las susodichas son de escaso volumen, puede llamárselas «huevos fritos». Si son voluminosas, admiten el calificativo de «melones» o «mamellones».

MAMÓN/A: Que la mama siempre, en cualquier momento y circunstancia. Y puede ser inteligente. Y hasta puede ocupar un alto cargo en la Administración.

MAMONADA: Estupidez, estulticia, necedad. Y nada más. De verdad, no insista. Nada más.

MAMORIA: Recordar con éxito las numerosas veces que ha sido preciso mamársela a alguien, con el fin de que se nos permita seguir viviendo en la indigencia.

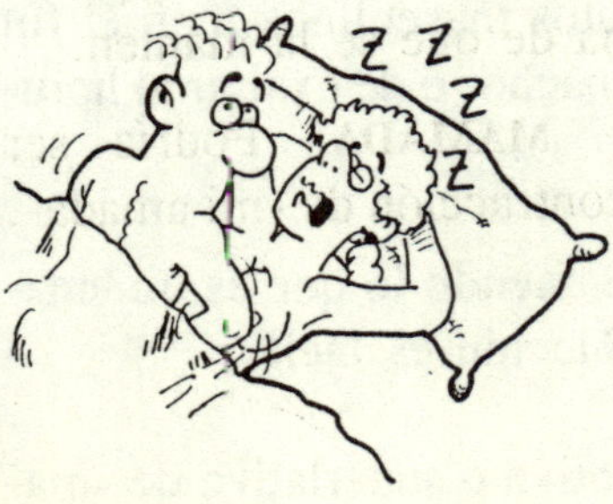

MAMPORRERO: Persona, generalmente masculina, cuyo oficio consiste en tener la habilidad suficiente para introducir a mano el miembro del macho dentro del sexo de la hembra, con el fin de que el esperma conseguido no caiga en baldío. Puede aplicarse, asimismo, al empleado sufrido y tenaz que, año tras año, sufre las patadas en los cojones del jefe, es decir, en los propios cojones y no en los del jefe, con el fin de poder llegar a la jubilación sin tener que entregarse a la mendicidad callejera.

Con este oficio, también se ha conseguido acceder a altos cargos dentro de la Administración.

MANCEBÍA: Casa de lenocinio —vulgo «putas»—, en cuya puerta había un quicio donde se apoyaba el cantaor o la cantaora. Generalmente Conchita Piquer o un colega de altura tonadillera. Esta palabra está en desuso, como también lo están las propias casas de lenocinio antes mentadas. Ni siquiera en lo literario, ya que un escritor moderno jamás escribiría un párrafo que dijera: «...Y se casó con ella, a pesar de haberla conocido en una ''mancebía''».

MANÍACO SEXUAL: Llámase así al esposo que hace «uso» de la esposa más de tres veces por año, cuando ya se cumplió el quinquenio de los esponsales.

MARCAR PAQUETE: Presunción generalmente del macarra, cuyo pantalón excesivamente estrecho y ajustado, hace resaltar sus atributos masculinos, con el fin de exaltar a la hembra, si es macho, o de exaltar al hombre, si no es tan macho.

MARICÓN DE PLAYA: Sabiendo lo que es un «maricón» y una «playa», la deducción es fácil.

MARICONAZO: Aumentativo o superlativo de «maricón». Es decir: maricón entre los maricones. El más marica o maricón. Muy marica o mariquísima. Grado de mariconería difícil de superar y ni siquiera de igualar. El que alberga mayor cantidad de mariconería, mariconez o mariquitez. Supermarica. El supermán de los maricones. Dícese también del que tiene tendencias homosexuales.

MARICONEO: Gestería y ademanes extremadamente delicados y feminoides por parte del hombre, acompañados de manoseo, sobo y toqueteo con otros del mismo sexo, que suelen acabar en tomas por la espalda o a traición con atracción.

MARIPOSO: Macho de la mariposa, poco macho y maricón.

MAS: 1. Si es afirmando, que no tiene bastante. Si es con interrogación, que no se lo puede creer.
2. Mes en catalán. Échame otro en castellano.

MASOQUISTA: Dícese del que goza con el dolor.

MASTURBACIÓN EN GRUPO: Reunión de adolescentes, próximos a la infancia, en lugar privado, con el fin de demostrar, mediante la práctica de la tan traída y llevada **paja,** quién de ellos alcanza mayor longitud en la eyaculación.

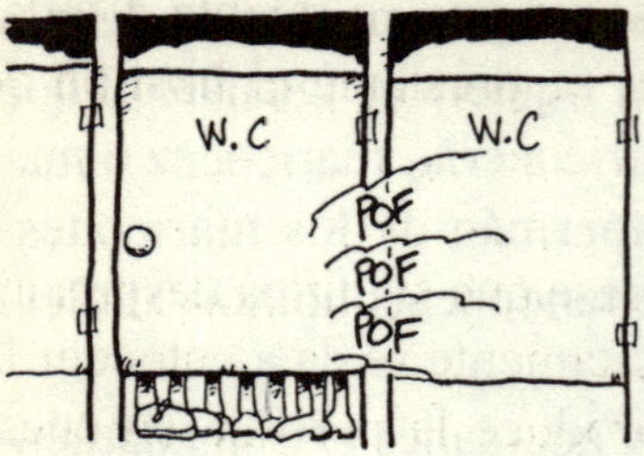

MASTURBARSE: Amor ególatra. Manual del amor. Consuelo del fraile, viejo militar o jubilado. Primera aventura de los adolescentes, con toda la mano si es macho o con el corazón si es hembra.

¡ME CAGO EN TU PUTA MADRE!: Expresión que demuestra descontento con la pareja. Forma sutil de darle a entender a la otra persona que hay algo que no anda bien entre ambos. Indirecta.

¡ME HAS DESHONRADO!: Exclamación femenina equivalente a «Te tienes que casar conmigo o te denuncio a los tribunales.»

¿ME HAS ENGAÑADO ALGUNA VEZ?: Pregunta terrible y aviesa que suele hacer uno de los dos, antes de que la formule el otro. En este caso, es obligado mentir, ya que si se dice que NO, se ve que se miente a todas luces, mas si se dice que SÍ, se presiente el hostión de un momento a otro.

ME LA TRAE FLOJA: Frase que significa desprecio, indiferencia, inhibición. Tácitamente se da a entender la falta de excitación que le produce la persona en cuestión. Del mismo modo, el «me la trae» no infiere traslado o venida de pene de parte alguna, sino que toda la frase en su conjunto abarca un gesto de peyorativa actitud.

ME LA VAS A CHUPAR POR TIEMPOS: He aquí una frase de evidente chulería militar. En la instrucción se enseña al recluta a efectuar los movimientos con el arma por tiempos para que le resulte más fácil su ejecución. Esta orden, a todas luces humillante y vejatoria, es propia de gentes de baja estofa y escasa delicadeza anímica. Úsase comúnmente entre individuos de mala ralea y exigua condición moral. Ello no quiere decir que, entre gentes de exquisita educación y próspera sensibilidad, no pase por sus mentes en infinidad de momentos.

¡ME MATAS DE GUSTO!: Sabiendo la mujer lo vanidoso y estúpido que es el hombre, sobre todo en materia de sexo, usa de esta frase para que él sacie su ego, en tanto que ella puede seguir repasando mentalmente el *¡Hola!*

ME PONES A MIL POR HORA: En realidad, no se debe relacionar esta frase con la velocidad, ya que ningún ser humano sería capaz de alcanzar los mil kilómetros por hora, sino que tiene una vertiente absolutamente erótica, que viene a ser algo así como ser capaz de echar mil polvos en una hora, lo cual no deja de ser una imperdonable presunción, o una simple **chorrada.**

ME VUELVES LOCA: Lejos de que este libro tenga el menor tinte machista, habrá que reconocer, en este caso, las enormes posibilidades que tiene la frase de ser un hecho cierto. Esto fue lo que le dijo doña Juana a su amado Felipe poco antes de que pasara a peor vida y fuera recluida, injustamente, en la lobreguez de su cerebro torturado indefinidamente.

ME VUELVES LOCO: Frase que indica que todo sigue como siempre, que nada se ha alterado, que la vida es monótona cual movimiento de cangilón de noria. Lo que viene a ser peligroso, ya que muchas de las barbari-

dades que ha hecho la Humanidad han sido producto del aburrimiento, el tedio o la lectura de algunas revistas especiales.

¡ME TIENES HASTA LOS COJONES!: Exclamación que significa hartura, colmo, absoluta saciedad. Es algo así como si los cojones fueran el límite de toda medida de paciencia, el no va más, impotencia para la continuación o sostenimiento de la actual situación, pero dicho sin ningún tipo de reserva, disimulo o delicadeza. O lo que es lo mismo, dando a entender a la otra persona que nos tiene… ¡Hasta los cojones!

ME VOY A CORRER: Frase de doble sentido, expresada por quien está a punto de llegar al orgasmo, o por quien es corredor profesional.

¿MEARÍAS EL FAVOR?: He aquí un ejemplo de la importancia de la ortografía en la escritura, pues dicha pregunta, así escrita, infiere la posibilidad de pagar con una meada el favor.

MELINDRE: Delicadeza afectada y excesiva en palabras de excusa para no hacer inmediatamente lo que sí va a hacer dentro de unos minutos.

MÉNAGE À TROIS: Homenaje a tres.

MENÉAMELA: Contra-contestación del varón, que hace como que no ha oído la negativa de la dama.

MENOPAUSIA MASCULINA: Estado físico deplorable al que llega el hombre cumplida determinada edad, que no consigue poner enhiesto el endeble mástil viril, de su ya vergonzante miembro, ni ante la contemplación de algunas revistas eróticas.

MES: Más, en catalán. Período en castellano.

MÉTAMELA TODA: Lo mismo que **Métemela toda,** pero dicho con todo respeto.

MÉTEMELA TODA: 1. Angustiosa petición, ruego o imploración que ella le dirige al «agresor» para que durante la «monta», no se deje fuera un ápice de miembro, que supondría un inútil desperdicio.

2. Frase generalmente emitida por mujer que desea que durante el coito el varón no escatime, no sea parco en el suministro de pene. También podría tratarse de varón mínimamente dotado, y ella no haberse percatado o advertido tamaña catástrofe.

METEORO: En materia de rarezas sexuales caprichosas, se ha llegado a cubrir el glande de un polvillo aurífero que, según la leyenda, al tomar contacto con el

clítoris, hace que la hembra brame de placer. Y ésta es la acción que justifica tal palabra. Famosas mujeres de famosos hombres han amado a éstos mientras el suministro del preciado metal era periódicamente abastecido, desapareciendo ellas «como meteoros» diez segundos después de haberse cortado el abastecimiento. Véase vida y milagros de Jacqueline Kennedy-Onassis.

METER LA PATA: Acto que, en el ejercicio de la libido, se puede paliar si después de haber metido la pata, se mete la pasta.

METOMENTODO: Persona que se mete en todo. Hay penes a los que se les puede aplicar tal adjetivo.

MI NOVIO TIENE UNA POLLA COMO UN CASTILLO: El ser humano, en el que se incluye a la mujer, es dado a la exageración y a la hipérbole. Mas, si se trata del género femenino, quizá esto se dé más acentuado, por lo que no es raro oír entre ellas este tipo de comentario, que también los tienen de este jaez. Naturalmente, lo de «castillo» es una tremenda exageración, por muy pequeño que sea el castillo y por muy grande que sea la polla de referencia.

MININA: Nombre que se da a la gata y al pene, sin justificación lógica en ninguno de los dos casos.

MINISTERIO DE ASUNTOS EXTERIORES: Ministerio de «Sustos Exteriores».

MINISTERIO DE DEFENSA: Se dice así, para que se lo crea el resto del mundo.

MINISTERIO DE EDUCACIÓN Y CIENCIA: Se desconoce el significado de la primera palabra, y se sabe muy poco de la segunda.

MINISTERIO DE HACIENDA: Aparato político del Gobierno que cura la impotencia, ya que es una de las pocas cosas que puede joder a cualquiera, de cualquier manera y en cualquier momento.

MINISTERIO DE TRABAJO: Lugar donde el trabajo es un misterio.

MONTE DE VENUS: La verdad es que ni es tan grande como un monte, ni ella es casi nunca como Venus. Llámase así al pubis de la mujer. Pero no a la mujer de Tal o de Cual, sino a la mujer en general. Tampoco a la mujer de ningún general, sino que al decir «general», generalizamos. Yo no sé si me explico bien, o es que ustedes son un poco cortos.

MORCILLONA: Estado del pene que da pena, entre fláccido y gangoso, con visos de impotencia e inutilidad potencial.

Lamentable apariencia decadente de lo que debiera ser enhiesto y altivo.

MORDISQUEAR: Roer con los dientes las partes cartilaginosas del oponente.

MORRONGA: Una de las dos mil trescientas cincuenta y seis acepciones con las que se puede conocer el miembro. Se habla de «conocer». Si fuera «reconocer», ya dependería de médicos o galenos.

MUJER LIBERADA: Acepción moderna de la fémina que gusta del placer de follar, y no lo niega, ni lo disimula, ni folla.

MUÑECA HINCHABLE: Monigote femenino de tamaño natural o igual al de la persona, que, una vez hinchado, puede tener la apariencia de una joven doncella de enhiestos senos y poblado pubis, marmóreos muslos, rojos labios, enormes ojos y apetitosos glúteos. Con la ventaja, por si no fuera poco, de carecer del habla, del quejido y la opinión, lo que le puede dar el ensamble de una mujer perfecta. Bien es verdad que tan maravilloso artefacto humanoide podría sustituir a la más apetecible dama, haciendo que el varón, en materia de sexo, siempre quede como un «superguay», sin que ella tenga ocasión de echarle en cara lo que no le echa en otra parte.

NABO: Tubérculo crucífero de sabor agradable que, por su forma y tamaño, ha sido alimento de pobres y consuelo de viudas.

¡NOS HA JODIDO!: No implica esta exclamación el que alguien nos haya tomado por el objeto de sus deseos, y nos haya sodomizado (si somos varones), o nos haya taladrado la vagina (si somos hembras). Su significado es un tanto ambiguo, ya que se suele emplear para dar a entender que estamos de acuerdo en algo y que se da por sobrentendido. A esta frase hay quien le añade... «MAYO CON NO LLOVER A TIEMPO», lo que la hace muy larga.

¡NO POR AHÍ NO!: Exclamación de cualquiera de los dos cuando uno de ellos presiente que va a ser como con el cónyuge.

NO PUEDO MÁS: Frase de doble sentido que, o expresa un placer en grado sumo, o una repugnancia en grado extremo.

¡NO SÉ QUÉ ME PASA!: Contestación cotidiana de todo esposo cualquier día del mes de cualquier año.

¡NO TE JODE!: Exclamación equivalente a «¡Pues estaría bueno!»

NO TE MUEVAS: Posible consejo dado al golpista antes de la acción por un colega leal, o temor justificado, durante el apareamiento, para que él o ella cesen en su vaivén de entrada y salida, ante la posible inminencia de una eyaculación precoz.

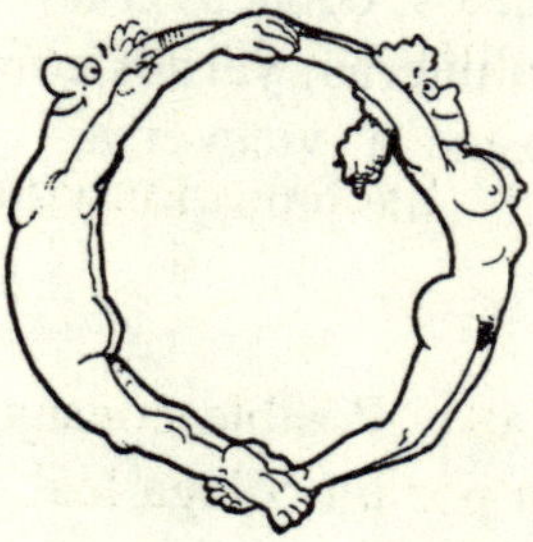

OJO AL PARCHE: Frase equivalente a poner atención, fijarse, estar al tanto. Pero si se invierten las palabras, su significado es que el culo ha sido maltratado y necesita reparación médica.

ÓRGANOS GENITALES: No siempre la palabra «órgano» significa instrumento musical, sino cualquiera de las partes del cuerpo animal que ejerce una función. Mas, si añadimos «genitales», dicha función es de generación o se trata de toda bolsa testicular. Hay que reconocer que los «órganos genitales» son de vital importancia en el mundo del sexo. Es más, de muchísima importancia. Yo diría que hasta imprescindibles.

ORGÍA: Satisfacción viciosa de apetitos o pasiones

desenfrenadas. Por ejemplo, cantar bingo. Fueron famosas las orgías entre los romanos, donde hacían el amor hermanos con hermanas, hermanas con hermanos, padres con hijas, hijos con padres, madres con hijos e hijas, abuelas con nietos, cuñadas con primos, suegras con sobrinos, tíos con nueras, yernos con abuelos. Y hasta esposas con esposos. Y viceversa.

PAJA: Se desconoce la etimología de esta palabra en su referencia sexual. Vulgarmente es la caña del cereal. Más vulgarmente es la masturbación manual que, además, no puede ser de otra manera, a no ser que se trabaje en el circo.

PAJICHUELA: Según el famoso experto en temas sexuales don Luis Sánchez Polack, esta palabra tiene el mismo significado que «machacársela», pero en un sentido más delicado, más íntimo y cariñoso.

De ahí que cuando se sorprende a un hijo, a un sobrino o cualquier otro familiar púber en semejante tránsito, se comenta con exención de malicia que «la criatura se estaba haciendo una ''pajichuela''». Lo que comporta un atenuante, que puede llegar a inspirar ternura y afán de protección, por parte de alguna primita o de la propia doméstica.

PAJILLERA: Mujer de hábiles manos (generalmente la derecha), con la que satisface a su clientela, ora en la oscuridad del cine, ora detrás de una puerta, ora *pro nobis*.

PANOCHA: Si llegamos a Méjico, tendremos que guardar ciertas precauciones con la palabra «panocha», lugar por donde es peligroso introducir el **pito**, si no se desea descendencia a nueve meses vista.

¡PARA, PARA, PARA!: S.O.S. lanzado por cualquiera de los dos, advirtiendo que, de no hacerlo, el fin está próximo irremisiblemente. En cuyo caso, uno de los dos, habrá de masturbarse, ser masturbado o verse cada vez más turbado.

PARRÚS: Palabra valenciana de difícil comprensión, ya que por su fonética no es fácilmente relacionable con otras. Máxime si tenemos en cuenta que la palabra «parrús», en este caso, equivale a la patata catalana, o al coño castellano. Sin embargo, por su realización fonética, parece que nos estamos pasando los dedos de la mano derecha por el labio inferior, como cuando los niños se hacen burla. Encuentro naturalidad en la expresión de esta palabra en dicha comunidad levantina, pero para quienes somos ajenos a tal circunstancia, nos resulta... duro y hasta cacofónico decirle a la dama que nos encanta que queremos comerle el «parrús». Aun haciéndolo.

PATATA: El catalán es una lengua ciertamente rica en matices, y, a veces, curiosa. Tal es el caso de esta palabra tan aparentemente inocente en nuestro idioma, «patata», que no es otra cosa que un tubérculo muy alimenticio, barato y de fácil adquisición. En tanto que en catalán hace referencia al «sexo femenino», lo que puede convertir en graciosas ciertas conversaciones eróticas. Así, por ejemplo, tendríamos el caso de una mujer que le podría preguntar inocentemente a su amante: «¿Te gusta mi patata?» A lo que él podría responder: «Me gusta tu patata. Hasta el punto de que te la voy a meter por ella.» O en el caso de que alguien, inocentemente, preguntara: «¿Cuántas patatas necesita para hacer una tortilla?» O lo que es lo mismo: «¿Cuántos coños se necesitan para hacer una tortilla?» De donde se infiere la gran variedad de contestaciones que habría lícitas.

PEBROTS: Volviendo a Cataluña encontramos esta

palabra, siempre en plural, cuyo significado, dicho con cautela, es el de «cojones». Lo que quiero indicarles, para su bien y respeto, es que en Cataluña, si no quieren decir «cojones» digan «pebrots», ya que se trata de los mismos huevos.

PEDAZO DE CABRÓN: También en este caso se trata de una figura retórica o metáfora, puesto que el cabrón es uno e indivisible, pero se usa para dar más fuerza y realce al aludido. Es un caso singular, ya que la parte es mayor que el todo, de manera que, si a un hombre le llamamos simplemente «cabrón», el insulto es menor que si le añadimos la partícula «pedazo».

PELÁRSELA: La metáfora es expresiva, aunque no acertada. Sin duda, se refiere a la masturbación manual, pero con ligeros tintes chulescos y barriobajeros, puesto que es inconcebible hacer con el miembro lo mismo que se podría hacer con un plátano, banana o similar.

PENDÓN: Pendín clemencia. Suplicán sen pendonado. Y además, puta. O puto.

PENE: Miembro viril distintivo del macho. También recibe los nombres de «príapo», «méntula», «pudendo», «verga», «cipote», «bálano», además de los vulgares «polla», «picha», «pija», «nabo», «cacho», «vástago», «cacharra», «cimbel», «chorra», «carajo», «gallarda», amén de las innumerables acepciones, de acuerdo a las distintas autonomías.

PENE ENTRAR: Introducir un pene en el cuerpo de otro.

PENETRAR: Contracción de **pene entrar**.

PERA MATINAL: Acto de la masturbación que se suele dar con más frecuencia durante la pubertad y apenas amanece o el joven se despierta. Lo que suele hacer, normalmente, con una gran dureza en su «tercera» pierna.

PERÍODO: Inundación mensual y menstrual cada veintiocho días que indica que, de momento, no hay peligro, por lo que el pene puede seguir trabajando hasta quedar hecho una pena, que no es el órgano femenino como podría deducirse por lógica.

PERRA SALIDA: Apelativo brutalmente grosero aplicado a la hembra que, sencillamente, desea echar un polvo.

PICHA: En femenino, pene. En masculino, apodo.

PICHA TRISTE: Individuo de por sí melancólico y taciturno, lo que, por extensión, hace suponer que su miembro debe de ser igualmente taciturno y melancólico.

PICHI-CORTO: No significa que corta la picha, sino que tiene la picha corta.

PICO: Continuando nuestro recorrido internacional en busca de modismos eróticos podríamos llegar a Chile callados, sin abrir el «pico», ya que tal palabra no es instrumento o herramienta de obrero, sino polla castellana, miembro, pene o carajo. Lo cual nos obliga a guardar ciertas precauciones al referirnos a las aves y a su apéndice bucal, porque no sería nada lógico decir que los pájaros comen con la polla, o qué pico tan grande tiene el pelícano.

PITO: También en Méjico nos guardaremos de usar esta palabra abierta y deportivamente, porque el «pito», no es especialmente un silbato, sino el atributo viril que caracteriza al macho. Esto nos hace pensar en qué entenderá el mundo azteca cuando, en los campos de fútbol, se habla del árbitro con el pito en la boca.

PLAN: En lenguaje familiar, posibilidad o hecho fehaciente de tener presa de o desde uno u otro sexo, para llevarla al catre cuando los sexos lo reclamen. Palabra que indica posesión y por sesión. En el primer caso, se dice «tener un plan». El segundo hace referencia a horas o a espacios de tiempo determinados, sin continuidad fija, sino intermitente. Es decir: «inter» «metente», meter en el interior.

POLEN: Espermatozoide de las flores que la abeja fecunda. De ahí la famosa y vulgar frase de «Vamos a echar un polen».

POLVAZO: Frecuentemente, fin de la discusión.

POLVETE: Coito breve, acelerado e insumiso, frecuente durante la adolescencia, por exceso de deseo, o en la madurez, por defecto del mismo.

POLLA LISA: Adjetivo que significa «suerte». Tampoco tiene una lógica explicación que nos haga comprender o relacionar la buena fortuna con la lisura de la polla, pues es ésta su condición en circunstancias normales. De cualquier manera no se extrañen al oír decir de alguien afortunado: «Es un polla lisa.»

POLLAS EN VINAGRE: Esta locución de tres palabras sería de difícil explicación para un estudiante de español, si tenemos en cuenta que «polla» es una gallina joven y «vinagre» no es sino agua con ácido acético. Sin embargo, el casticismo callejero de baja estofa emplea dicha frase como negación contundente, al tiempo que la palabra «pollas» adquiere el significado de penes, con lo cual tampoco hallamos una lógica esclarecedora para la frasecita en cuestión. De cualquier manera, el ejemplo podría quedar así: «Yo pago el vino y tú pagas el marisco. ¿Te parece bien?» A lo que el interfecto contestaría airado: «¡Pollas en vinagre!»

POLLERA: En países sudamericanos esta palabra significa falda, simplemente. En castellano no tiene sentido, ya que no es fábrica de pollos, ni almacén de pollas.

POLLITA: 1. Gallina joven, adolescente, púber. También recibe este nombre el sexo masculino cuando su tamaño es infinitamente más pequeño del que asegura su propietario. No obstante, no hay que dejarse llevar por las apariencias, ya que, en más de un caso, lo que parecía el pico de un colibrí se ha convertido en mástil de velero en menos de lo que canta un gallo.

2. Mujer adolescente, joven y púber que, al cabo de los años, ya no recibe este nombre, aunque siga recibiéndola personalmente.

PONER LOS CUERNOS: Quedar en paz, empatar.

PONER UN RABO: Lógicamente no se trata de la implantación de tal apéndice a ningún otro ser vivo, sino simple y llanamente llámase así a lo que los mozos rurales suelen hacer con las mozas en días de fiesta o de grandes aglomeraciones, arrimando sus partes a cualquier parte de las otras partes.

PONERLA DURA: De todos es sabido que el pene debe obtener una dureza (por acumulación de sangre) que le permita, sin detrimento ni torcimiento, penetrar en la vagina para efectuar el coito. Y esto sólo se consigue cuando dicho pene está bien manipulado por mano ajena o por la propia. En el primero de los casos se dice que «te están haciendo una paja», que puede servir de preparación del mencionado y esperado polvo. En el segundo se trata, simplemente, de la pera vulgar, pues también este nombre recibe el automachaque del miembro.

¿POR QUÉ NO ME LA VAS MAMANDO?: Pregunta que a la vez es sugerencia, con el fin de no perder tiempo en el asunto que se va a tratar. Denota impaciencia en el sujeto que, ávido de excitantes sensaciones, muestra su ansiedad para pasar pronto a la acción.

POR TI SERÍA CAPAZ DE MATAR: Palabras que dirige un hombre a una mujer segundos antes de matarla.

PORVETE: Polvo de Juncal, con el que siempre amenazaba pero nunca cumplía.

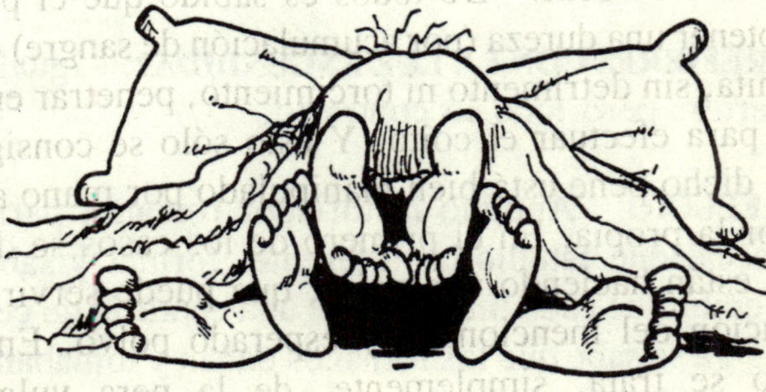

POSEÍDA: Que ha sido invadida por el demonio o jodida por un hombre. O por otro demonio en forma de hombre. O por dos hombres, uno en forma de demonio y otro en forma de hombre. O por dos hombres, simplemente.

POSVETE: Lo que ella le dice a él cuando él no muestra excesivo deseo.

¿PREFIERES CON LA LUZ APAGADA?: Complejo femenino de la hembra que se sabe físicamente horrorosa. Esta frase jamás es pronunciada por el hombre, ya que su vanidad le impide reconocer que es todavía más horroroso.

¿PREFIERES CON LA LUZ ENCENDIDA?: Igual que la anterior, pero todo lo contrario.

PREPUCIO: Antiguo historiador romano, pariente de Séneca, que estudió las diferentes formas y sabores del miembro de cada miembro de una centuria de centuriones. Ya se sabe que los romanos daban y tomaban por el culo con la misma facilidad y naturalidad con que lo hacen ahora... Con que lo hacen ahora.

PRESERVATIVO: Individuo cauto, previsor y avisado que arriesga poco en los avatares de la vida. También puede ser como una especie de funda de caucho para el pene, el cual, al eyacular, tropieza con dicha funda y puede evitar:

1.º El embarazo no deseado.
2.º El matrimonio prematuro.
3.º El «venerable» contagio y otros muchos más peligros que se deducen de la industria sexual.

PROFILÁCTICO: Véase **condón** o **preservativo,** aunque esta palabra puede usarse más cómodamente entre clérigos de alta alcurnia de la alta «suciedad».

PROSTITUIRSE: Irse con prostitutas u ocupar el lugar de las mismas. Perder el pudor, la vergüenza o la virginidad anal por un estipendio a convenir.

PROSTITUTA: Mujer que comercia con el cuerpo de los demás, incluido el de bomberos. Mujer de vida fácil, aunque cada día más difícil. Meretriz, barragana, golfa, descocada y de costumbres notablemente licenciosas. Igual que muchas, pero reconociéndolo públicamente.

PUDOR: Algo que da vergüenza tener, por lo que casi nunca se tiene.

PURGACIONES: 1. Se trata de una enfermedad venérea que, como las ladillas, es de fácil adquisición, pero siempre por contagio y no por aproximación, como en el caso de aquéllas. Podría decirse que dentro de las enfermedades venéreas es la más proletaria y humilde, al alcance de todos los penes y vaginas. Tampoco es de tipo racial. No distingue etnias, costumbres o colores. Lo mismo puede alojarse en miembro de clérigo que en persona casta. En otros tiempos era sumamente peligrosa, pues segó muchas vidas. Hoy día, afortunadamente, está dominada, como Gibraltar por los ingleses.

2. Enfermedad que consiste en «purgar» la excesiva confianza que se tuvo al contraerla, al no haber dicho: «Póntelo o pónselo».

PURITANA: Contracción de «pura» y «gitana».

PUTA REDOMADA: Puta domada dos veces.

PUTERO: Golfo, Kuwait, Sadam Husein, etc. También se dice del hombre dado al vicio de la concupiscencia con mujer de vida lisonjera. O, para no ser tan crudamente grosero, con una puta.

PUTO: Individuo de baja estofa moral que usa su culo como cebo para la pesca de la *pollicitia vulgaris*... Varón sin escrúpulo ni ética que se ofrece como víctima voluntaria para saciar los desordenados apetitos homosexuales. No sé si me van entendiendo: ¡Maricón!

PUTÓN DESOREJAO: La terminación en «ao» le da un tono de campechanismo que la aleja del refinado «ado», cada vez más en desuso. Este binomio de palabras da a entender la gran calidad y cantidad de «putez» que hay en la persona aludida, pero en manera alguna debe entenderse que ha sido desposeída de las orejas en un momento de ofuscación o excesivo deleite.

PUTÓN VERBENERO: Zorra, golfa o fulana que frecuenta las verbenas y demás lugares de esparcimiento castizo. Y además, puta. O puto.

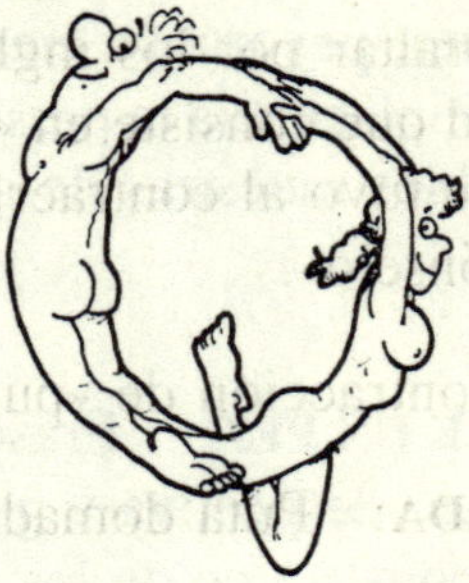

QUE ME CORRO!: Cuando esta exclamación se emite una sola vez, el evento aún puede ser detenido; pero si se pronuncia ininterrumpidamente durante varios segundos, el acontecimiento ya es un charco inevitable e imparable. Hagan memoria. No, mejor no la hagan.

QUE NO TIENE PELOS EN LA LENGUA: Indica precaución, aseo escrupuloso después de haber practicado el 69 (sesenta y nueve).

¡QUE TE DEN POR EL CULO!: No se trata de que

alguien ponga el culo en venta, y que con esta frase deseemos una ventajosa transacción para el vendedor, sino que se trata de insulto directo, abogando por que el aludido sea tratado como un puto del que abusan los libertinos. Es frase, repito, peyorativa cien por cien, a no ser que vea en ello complacencia la persona a quien va dirigida, y dé ostensibles muestras de gratitud por tan deseada posibilidad.

¡QUE TE FOLLE UN PEZ!: Frase peyorativa de resonancias callejeras, despectiva y grosera, mediante la cual se ordena el coito a uno de los animales más lógicamente incapacitados, aun cuando su forma pudiera confundir.

¡QUE TE FOLLE UN PEZ, QUE TIENE LA PICHA FRÍA!: Frase más completa a partir de la coma, lo que supone un aditamento de mayor desprecio y escarnio. Todo en ella es metafórico, pues nadie ignora que los peces no tienen picha, pero que si la tuvieran, sería gélida y harto desagradable para la práctica del coito.

¡QUE TE TORRAS!: ¡Que te abrasas, gilipollas!

¡QUÉ TETORRAS!: Exclamación harto basta y municipal, ante la contemplación de unas grandes y hermosas mamas.

¿QUIERES FOLLAR?: Sutil indirecta que lanza el varón, para ir tanteando el terreno.

QUILOMBO: Según los argentinos, que son los padres de esta criatura, lugar, piso o apartamento donde se lleva a efecto el negocio sexual.

QUÍTATE LAS BRAGAS: Frase que sirve para afianzar la actitud machista del hombre, y para desencantar a la mujer, que no encuentra provecho en la obediencia.

RABILLO DEL OJO: Parte con la que se mira disimuladamente, que no hay que confundir con «rabo en el ojo», ya que no se trata ni de «rabo» ni de «ojo». Es decir, «ojo» sí, pero el tercero.

RECALENTÓN: Abuso excesivo de los preliminares, corriendo el peligro, en el caso del hombre, de ver crecidas sus partes de tal manera que más que huevos fueran melones, y más que melones, sandías. Al decir partes, no nos referimos a todas las partes de las partes, sino sólo a la parte inferior de las partes.

REGODEO: Cachondeo con insistencia pertinaz.

REMERA: Puta con piragua.

RESTREGAR LA CEBOLLETA: Suponiendo que el pene pueda tener alguna semejanza con una «cebolla», restregarla en el lugar o parte del cuerpo más apetecible de la víctima.

¡RIÉGAME!: Petición angustiosa que hace la hembra cuando presiente que el jardinero apunta con la manguera hacia otro parterre que no es el suyo.

SACRILEGIO: Seducir a la Pantoja por medio de fármacos u otros medios artificiales.

SÁDICO: Dícese del que goza produciendo dolor.

SADOMASOQUISTA: Doblemente hijo de puta y tonto. La historia y el mundo de la leyenda están llenos de estos ejemplos. Desde Júpiter, que mandaba rayos por un quítame allá esas pajas, hasta Lucifer, que sufrió los rayos como si nada fuera con él.

SALIBAJO: Contracción de «sal y bajo» o, lo que es lo mismo, «si sales, bajaré».

SALIVA: Lubrificante de auxilio en el caso de sequedad uterina. Si el caso es desesperado, la pone ella. Si aún hay esperanza, la pone él.

SE LA COGE CON PAPEL DE FUMAR: Aplícase al hombre de exquisitas maneras y refinadas costumbres. Se trata de una metáfora para describir a un individuo de una sublimidad cercana o hermana de lo cursi.

SEDUCTOR: Dícese del que persuade suavemente hacia el mal a la candorosa doncella, que está hasta el mismo moño de seguir siéndolo.

¿SEGUIMOS?: Esta palabra, pronunciada de forma interrogativa, tiene múltiples acepciones. Puede tratarse de una pareja en erupción volcánica, de un caminante cansado y hasta de políticos que no quieren escuchar la voz del pueblo.

SEMEN: Contracción: «Semen tiende», «Semen coge», «Semen carga», «Semen sucia», «Semen dereza», etc. También sirve para que exista la Humanidad.

SEMENTAL: Animal masculino cuyo oficio es cubrir a la hembra y dejarla preñada. También el hombre puede recibir el nombre de «Semental» cuando se demuestra que sus dos únicas aficiones en la vida son las sonatas de Beethoven y cohabitar con mujer, incluso prescindiendo de las sonatas de Beethoven.

¡SEÑOR, QUÉ BARBARIÁ!: Aquí la palabra «señor» no tiene la menor connotación religiosa ni entra dentro de la plegaria, sino que con ella la doméstica hace referencia a su señor o señorito, quien, aprovechándose de que es cualquier día de la semana, la ha tumbado sobre jergón, estera o suelo.

SÍFILIS: Igual que **purgaciones,** pero más grave si cabe, que sí cupo. Porque si no, en qué cabeza cabe.

SOFALDAR: Expresión rústica de acción grosera, consistente en invadir a la moza por bajo la falda, bien de manera manual (de mano), piernal (de pierna), o penal (de pene).

SOSTÉN: Voz imperativa del verbo «sostener». Nombre común de un adminículo femenino que sirve, generalmente, para sostener lo que ya no se sostiene por sí mismo, o por sí mismas, pues que de las **mamelles** se trata. Prenda interior, exclusivamente de la mujer que, por excepción, usan algunos hombres que se avergüenzan de serlo.

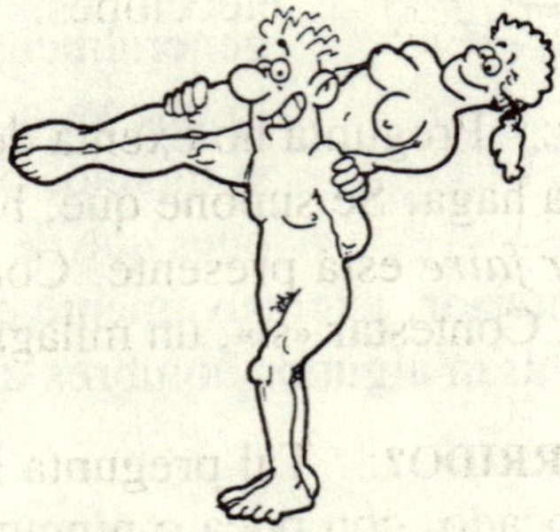

TANTO JODER ESCALDA EL NABO: Frase canaria, expresiva y comprensible, si se tiene en cuenta de que, aquí, el **nabo** no es tubérculo, sino **pene.** Y el verbo «escaldar», de acuerdo con la Real Academia de la Lengua, es «Abrasar con fuego una cosa, poniéndola muy roja y encendida», que es el aspecto que suele adquirir el **nabo,** cuando es sometido a pertinaz fricción por efecto del vaivén.

TAPADILLO: Polvo de. Recibe este apelativo cuando la aventura se realiza en condiciones precarias, deprisa y corriendo...se... como se pueda. Circunstancia anómala ni disfrutada ni apetecida. Abunda en los casos de incesto o marido que se agacha para atarse un zapato. Y mientras...

TATE QUIETA: No te muevas. Contracción de «estate quieta». Suele ser frase de concejal en víspera de elecciones.

¿TE GUSTA?: Pregunta no exenta de estupidez, sea él o ella quien la haga. Se supone que, hasta en ese momento, el *savoir faire* está presente. Contestar «no» sería una grosería. Contestar «sí», un milagro, si es verdad.

¿TE HAS CORRIDO?: Tal pregunta suele hacerla el ser tímido y apocado, con poca o ninguna fe en sí mismo. Más que una pregunta es un ruego, una imploración tácita, que espera la limosna del asentimiento.

¡TE HAS CORRIDO!: Por el contrario, esta exclamación de rotunda afirmación es propia de estúpido machista o de amante o «querido» adinerado, que no admite la menor duda de su hombría indiscutible.

TE LA VOY A METER: Frase de intención, pero casi nunca de acción. Se usa para impresionar y para autoconvencerse de que uno sería capaz de hacer lo que dice.

TE LA VOY A METER DONDE NO TE LA HA METIDO NADIE: «Pues como no sea en el bolso...» Contestación lógica en la mujer ligeramente experimentada.

TE LO VOY A COMER: Expresión poética, más o menos, mediante la cual se insinúa la posibilidad de efectuar una *fellatio* a una hembra. Vieja costumbre iniciada por el hombre primitivo, que, falto de otros alimentos,

degustaba el sexo femenino con fruición, con peligro evidente para el clítoris, que podía ser confundido con un pececillo o cualquier otro animalejo marisquero.

TE ME MUERES DE CASTA Y DE SENCILLA: Esta frase del inmortal Miguel Hernández ha sido considerada como la única válida y fiable desde el principio de los tiempos. Parece ser que nunca antes había sido pronunciada, o los pocos que lo hicieron fueron tomados por orates o gentes de mente enferma e incurable. Hoy día se ha demostrado que, en determinados casos, puede tener sentido y verosimilitud.

TENERLA PARADA: De acuerdo con el argot sexual argentino, esta expresión es equivalente a ponerla dura. En castellano no es identificable, puesto que el pene, nabo o polla, una vez alcanzado su grado de madurez o dureza, no suele quedarse «parado», sino que se muestra y actúa con una serie de movimientos convulsivos hacia atrás y hacia delante, con tal vehemencia a veces que podría dañar alguna de las costillas flotantes.

¡TENGO LOS COJONES NEGROS DEL HUMO DE CIEN BATALLAS!: Frase chulesca e intimidatoria con reminiscencias bucaneras, con la que se trataba de impresionar al adversario (si no se tenía mano de gancho) o a la asustada doncella, que veía muy próxima la pérdida de la doncellez.

TE QUIERO MÁS QUE A MI VIDA: Palabras que dirige un hombre a una mujer segundos antes de suicidarse.

¡TE VAS A CAGAR LA PATA ABAJO!: Frase dulce y amorosa que vierte el amado sobre el oído de la amada, cuando apenas le faltan dos o tres segundos para quedarse hecho una plasta por aquello del inevitable «y arrollador orgasmo».

TE VAS A CAGAR LAS PATAS ABAJO: Amenaza groseramente cariñosa con la que se quiere dar a entender la enorme cantidad de placer que se está dispuesto/a a dar. Es frase más propia de antiguos arrieros, modernos camioneros o universalmente salidos.

¿TE VAS A CORRER?: Pregunta que suele hacerle la esposa al esposo cuando, en una comida o cena de compromiso, él ha ocupado más lugar en la mesa de lo que le corresponde.

TE VAS A ENTERAR DE LO QUE VALE UN PEINE: En realidad se trata de un eufemismo, ya que lo que en realidad se quiere dar a entender es «Te vas a enterar de lo que vale un pene».

TE VOY A ECHAR TRES POLVOS SIN SACARLA: Frase que sólo puede ser emitida por un tonto, un irresponsable o un megalómano, ya que la acción, tal como se expresa, es imposible.

TOCAR A VAGINA: Conviene pronunciar bien la «uve», porque se puede dar el caso de que tal frase sea escuchada por un soldado de oído flojo, y en lugar de vagina entienda «fagina» y se lance a ella boca abierta y dientes en ristre.

TOMA MI LECHE: Tiene una doble acepción: la primera, puede referirse al comentario que un hombre propietario de un establecimiento de productos lácteos le hace a un amigo presumiendo de que un alto cargo consume la leche de su negocio. Y la segunda conlleva una orden, un mandato, una exigencia. Ejemplo: «Te ordeno que tomes mi leche.»

TORTILLERA: Mujer aficionada a hacer tortillas en la cama con otras damas, sin que se vea la tortilla por ninguna parte.

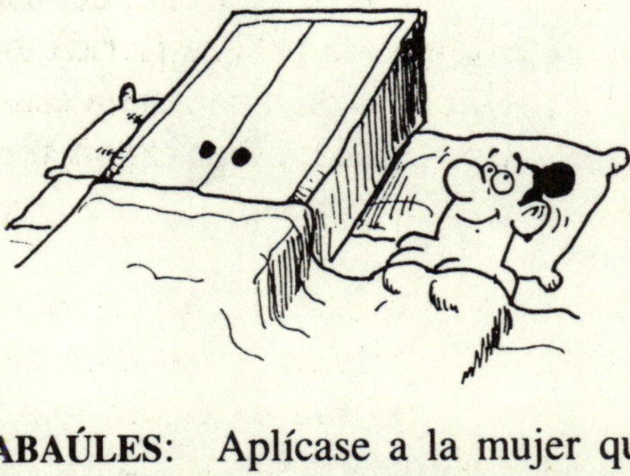

TRAGABAÚLES: Aplícase a la mujer que, por su gran capacidad receptora, podría albergar en la entrepierna cualquier cantidad de miembros u objetos fusiformes. No debe entenderse al pie de la letra, ya que no hay vagina capaz de cubrir o amparar ningún tipo de armario o baúl, por pequeño que éste fuera.

¡TÚ ME LA REFANFINFLAS!: Esta voz no es muy coherente ni aporta la menor lógica en su semántica. No obstante, y a pesar de su opacidad, es frase peyorativa que viene a dar a entender al aludido la conveniencia de que se la vaya «refanfinflando» al solicitante.

TUMBAR A LA DAMA: Echarse boca arriba la dama, sin el menor esfuerzo por parte del interfecto.

VACA MÍA!: El hombre, más que la mujer, normalmente, al acercarse el culmen del éxtasis, puede desvariar y decir verdaderas monstruosidades, que él considera reminiscencias becquerianas.

VALIDO: Consejero regio que, si cumplía fielmente con su deber, pasaba de ser «valido» a ser «válido». Normalmente tal apreciación solía provenir de la reina, que era quien, con mayor certeza y tino, daba este calificativo.

VASELINA: Producto químico que lubrifica los orificios que muestran cierta dificultad para que el miembro cumpla sus funciones de penetración vaginal o anal. Marlon Brando rodó una película en la que utilizaba un producto con similares características.

VENTILÁRSELA: El español, para decir o dar a entender su heroico quehacer sexual con la mujer, tiene múltiples expresiones, como ya hemos visto a lo largo de este diccionario. Algunas son muy curiosas, siendo ésta que nos ocupa una de las más características, ya que de ninguna manera se entiende que la ponga a que le dé el aire o la oree.

VERGA: Miembro genital de los mamíferos. Denota que la nave está pronta y expedita para navegar entre las nalgas marinas.

¡VETE A TOMAR POR CULO!: Orden que se suele dar en momentos de ofuscación, que rara vez se cumple por parte del ordenado, a no ser que dicho «mandado» sea proclive a cumplir dicha orden a poco que se le insista.

VIBRADOR: Especie de **pene** artificial, de tamaño semejante, aunque «generalmente exagerado», en cuyo interior unas pilas alcalinas le imprimen unos movimientos convulsivos e intermitentes que, una vez introducido en la cavidad vaginal, puede hacer las delicias de la hembra más exigente. Naturalmente, dicho adminículo puede ser asimismo introducido en la gruta anal del varón, cumpliendo a la perfección las labores más estimadas de la sodomía. Suele estar construido con materiales suaves al tacto y, por ahora, absolutamente insípidos.

VIEJO VERDE: Dícese del hombre de la tercera edad que, creyendo que está en la primera, trata de que se le levante la moral o algo que, si se levanta, podría no ser tan moral. Obnubilación mental del senecto que se resiste a admitir que la vida es así de dura, y que otras cosas ya no pueden serlo.

VIOLACIÓN: Hacer por la fuerza lo que se podría conseguir con buenas palabras y argumentos válidos.

VIOLENTO: Violar lentamente.

VIVIR PUTEADO o ESTAR PUTEADO: Vivir maltratado o estar maltratado, pero no por prostituta o similar. Se trata de una metáfora que simboliza una vida precaria y llena de achaques negativos, que pueden ser provenientes de la propia familia, del trabajo, de la profesión y, desde luego, de las amistades más sinceras. Son muchas las personas que viven «puteadas» desde el mismo día en que nacieron hasta que se hicieron socios del Atlético.

VOYEURISMO: Vicio visual. Placer que da la sola contemplación del coito ajeno. Entiéndase ver «cómo joden los demás», y no ver «cómo joden a los demás», ya que esto último no sería un vicio, sino una ancestral costumbre de eterna vigencia.

YA ME ESTÁS JODIENDO!: 1. Esta oración no expresa placer, ni autorreconocimiento de que se está en pleno coito, sino frase exclamativa que denota molestia, disgusto, desaprobación y repulsa. Es de uso frecuente entre matrimonios bien avenidos y de pulcra y exquisita educación.

2. Pese a su aparente significado de que quien la pronuncia está gozando del coito y así se lo hace saber a su pareja, es frase, como la anterior, de clara molestia y disgusto. En muchos casos, la palabra «joder» no es símbolo de dicha, sino de todo lo contrario. Estos son los caprichos contradictorios de tan rico y precioso idioma como es el nuestro.

¿YA TE HAS CORRIDO?: Pregunta cotidiana de toda esposa cualquier día del mes de cualquier año.

ZARCERDOTE: Emperador ruso, cochino, marrano y puerco, al que le quedan dos o tres días para seguir siendo eso.

ZONAS ERÓGENAS: Son las partes (aparte de las partes) del cuerpo humano más sensibles y con mayor eco al mensaje sexual. Las analizaremos en capítulo aparte y con más detalle.

ZORRA: Hembra del zorro.

El Kama-deporti-sutra

En este capítulo no vamos a detallarles cada una de las mil posiciones que el *Kamasutra* aconseja para el gozo en el coito, porque esto ya suponemos que lo conocen nuestros experimentados lectores, pero sí vamos a darles otras posiciones o posturas nuevas derivadas del deporte, por lo que podríamos llamar al siguiente apartado *El Kama-deporti-sutra*.

NATA-SUTRA: El varón debe poner a la hembra sobre la cama decúbito supino, con las piernas abiertas, mostrando el *yoni* en toda su lozanía, mientras él, ya con su *lingam* pétreo y erecto, se pone de pie sobre la parte posterior del lecho en posición de salida de carreras de natación. El salto debe ser perfecto y exacto para que el *lingam* penetre en el *yoni* sin haber rozado las paredes de éste, de manera que pudiera molestar el estado psíquico de la dama, resecando su vagina y haciendo así dificultoso y trabajoso el coito.

Una vez bien conseguida la penetración por este «acua-deporti-sutra» procedimiento, el macho deberá comenzar unos movimientos rítmicos, acompasados, de brazos y piernas, como si estuviera nadando en la más olímpica de las piscinas. Se admite la elección de varios estilos: braza, abriendo y cerrando las piernas como los batracios; croll, sacando e introduciendo los brazos en el agua de manera longitudinal, es decir, como si estuviera en el agua, y batiendo las sábanas con los pies, intermitentemente, en vertical.

Una vez conseguido el orgasmo, el macho saldrá de la cama de un brinco, y luego saltará sobre uno y otro pie, como si quisiera sacarse el agua de los oídos. Si está solo, deberá cubrirse con un albornoz de flores, pero si hubiere público, deberá saludar como lo hacen los campeones.

Durante todo el tiempo que dura el coito de **natasutra**, la hembra se abrazará a su pareja como si se tratara de un salvamento en alta mar, lo que viene a ser lo mismo, dada la gran afición que la mujer siente en el agua a ser poseída, gozada y penetrada.

SALTO-SUTRA: Esta modalidad del coito deportivo tiene dos vertientes:

- El salto longitudinal.
- Y el salto de altura.

Para el primero, el hombre deberá escoger un lugar bucólico, alejado del bullicio ciudadano, con verde y mullido césped. Digamos un campo de golf a las tres de la madrugada, en noche de luna. Como en el pasaje anterior, la dama debe tumbarse decúbito supino, *yoni* frontal, abierto y desafiante, labios vaginales temblorosos, humedecidos y fáciles a la recepción. El «coitador» (como llamaremos desde ahora al protagonista del acto sexual) tomando una prudente distancia vendrá corriendo a toda velocidad, *lingam* en ristre, y a unos siete u ocho metros antes de llegar donde espera el *yoni*, deberá dar un salto, batiendo los pies por el aire, pero asomando por entre las piernas, hacia abajo el *lingam* que deberá entrar preciso y recto en el *yoni*.

Hay que reconocer cierto riesgo para la integridad del *lingam*, pues si éste cae sobre una dureza, ya sea corpórea, metálica o pétrea, es muy probable que sufra un deterioro considerable, acompañado del consabido sufrimiento de su dueño.

En la modalidad del salto de altura o ALTURA-SUTRA, el riesgo es aún mayor, tanto para el «coitador» como para la «coitada», puesto que el *lingam* baja en vertical sobre el *yoni*, y yo ni respondo del *yoni* ni del *lingam*. Con suerte y destreza la penetración puede ser correcta y hasta apetecible, pero al menor fallo en la ejecución, bien por desvío, bien por exceso de violencia en la entrada, el resultado puede ser de blasfemia ininterrumpida durante varios meses o de impotencia vitalicia.

JABALINA-SUTRA: He aquí una manera de coito harto difícil en su ejecución. Se requiere para ello tres personas:

- LA LANZADORA, que deberá coger con su mano derecha al **lanzado** por los glúteos.
- EL LANZADO, que, naturalmente con el *lingam* enhiesto y puntiagudo, se agarrará el mismo con ambas manos para conservar la precisión.
- LA PERSONA A PENETRAR, que, aproximadamente a unos cuarenta o cincuenta metros, en posición yacente, estará tumbada o tumbado, puesto que el sexo puede diferir del que tiene el **lanzado**, yendo así en busca de *yoni* o de ano, pues el objetivo es encontrar el agujero, sea de macho o de hembra, que en infinidad de

KAMA-DEPORTI-SUTRA
NATA-SUTRA
SALTO-SUTRA
17
JABALINA-SUTRA
PESO-SUTRA
POUM

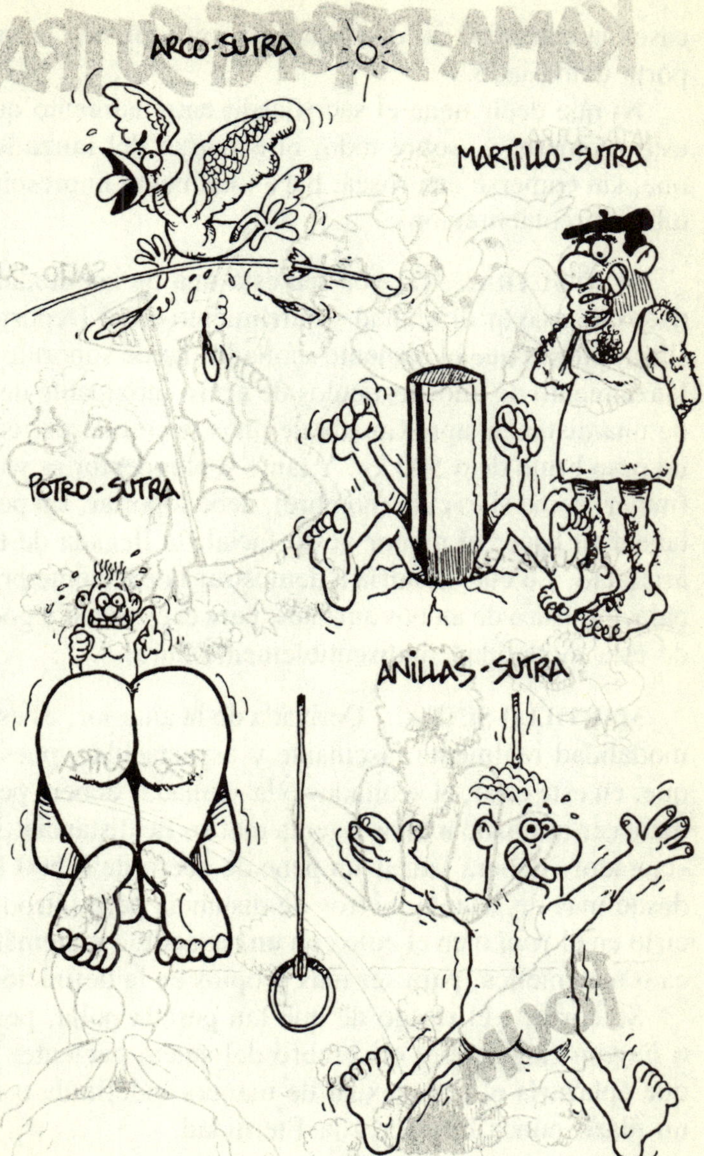
ARCO-SUTRA
MARTILLO-SUTRA
POTRO-SUTRA
ANILLAS-SUTRA
GA.-

casos la calentura no distingue sexo ni tampoco le importa demasiado.

Ni que decir tiene el sacrificado entrenamiento que esto requiere, y, sobre todo, el esfuerzo del **lanzador** que, sin comerse una rosca, hace totalmente imprescindible su colaboración.

PESO-SUTRA: Tal vez sea ésta una de las modalidades de mayor dificultad y sufrimiento en el Deporte-sutra, puesto que el paciente «coitado» ha de soportar el lanzamiento de unos testículos de acero inoxidable desde una distancia aproximada de unos once metros, con un peso bruto de 6.500 kg. Y tanto si el receptor es *yoni* (mujer) como si es culo (hombre), debe soportar, sin pestañear ni hacer el menor gesto facial, la llegada de tal artefacto. Lo cual vendría a demostrar la excelente preparación física de ambos amantes, para el ejercicio y goce de esta modalidad, indiscutiblemente dura.

MARTILLO-SUTRA: Derivada de la anterior, es esta modalidad realmente fascinante y espectacular, puesto que, en este caso, el «coitado» o la «coitada» deberá permanecer tumbado a unos setenta metros de distancia. El «coitador» deberá lanzar un pene de acero de 2.500 kg desde más de setenta metros de distancia para introducirlo en el *yoni* o en el culo con una exactitud matemática o metemética, para ser más propios en la definición.

Se corre... el riesgo de que tan pesada polla, pene o *lingam* caiga sobre el cerebro del sujeto paciente, lo que aplazaría el acto sexual de manera indefinida o en un plazo nunca inferior a la Eternidad.

ARCO-SUTRA: Su origen parece ser vikingo. Como su nombre indica, se realiza con arco, bien templado, y a una distancia no inferior a los ciento cincuenta metros.

La flecha termina en una especie de cabeza en forma de glande, bien pulida y torneada, ligeramente humedecida con saliva, bien del «coitador» o del «coitado». Este capricho es a capricho. El hecho es que el ejecutante deberá hacer penetrar la flecha con limpieza en el *yoni* o en el *ano*, para lo cual puede usar visor o simplemente su vista natural. Se le descontará un punto por cada pelo que arranque en el ejercicio.

POTRO-SUTRA: Ya saben que en todo acto sexual, en realidad hay un sujeto agente y un sujeto paciente. También puede haber un agente sujeto, si se trata de una violación por grupo de gamberros, y delante de un policía al que han inmovilizado entre varios. De ahí el nombre de «agente sujeto». Como el de «sujeto paciente» lo recibe el que está sujeto, pero no muestra gran disconformidad ni disgusto por el hecho de ser penetrado o penetrada de manera involuntaria.

Y en el **POTRO-SUTRA**, el «paciente» o futuro penetrado deberá permanecer arrodillado, con las manos en el suelo, mientras el «pene penetrador» desarrolla su ejercicio a lomos del «coitado». Deberá pasar sus piernas por encima de la cabeza del otro, haciendo molinetes, ochos, figuras, balanceos, equilibrios, etc., terminando el ejercicio de forma brillante, si antes de saltar al suelo, logra introducir el *ligman* en el *yoni* o en el culo del «coitado» o «coitada».

ANILLAS-SUTRA: Realmente maravilloso y sorprendente este ejercicio erótico-deportivo, cuando se realiza como lo hacen los grandes campeones.

El magnífico Toko Chichi, japonés, fue el creador y campeonísimo de esta modalidad. A los dieciocho años, en un destartalado almacén colgó dos anillas del techo. Durante veinte minutos hacía toda clase de piruetas agarrado a las anillas. Y cuando se aproximaba el minuto veintiuno, llamaba con un grito a una primita suya de catorce, que a la voz de «¡Pijamía!» se tumbaba desbragada a seis metros de distancia, y tras cuatro saltos mortales de Toko Chichi, éste caía sobre el sexo de la infantil primita, introduciendo su *lingam*, sin rozar siquiera las paredes del *yoni*.

Pero un mal día, harta la niña de soportar tal ejercicio sin la sola recompensa de un solo orgasmo, se apartó en el momento preciso, y se necesitaron doce fuertes hombres para desclavar del suelo a Toko Chichi.

Éstas son las modalidades más importantes del Deporte-sutra, que yo no aconsejo su práctica, en términos generales, si no va acompañada de una depurada técnica y un pertinaz entrenamiento. Es evidente que los riesgos son muchos y variados, y que las heridas o perturbaciones violentas de los órganos genitales no suelen tener buen arreglo, por tratarse de las partes más delicadas de las partes.

De cualquier manera, cada cual es cada cual, y puede hacer lo que quiera con su cada cual, ya que, como dice el refrán: «Cuando las ganas de joder aprietan, ni a los golpes ni a los muertos se respeta.»

Zonas erógenas

SIENES: Las sienes de la mujer están en la cabeza. Una a cada lado de la misma, dando escolta, aproximadamente, al lugar donde se encuentra el cerebro, si lo hubiere, pues se da el peregrino caso de que la mujer, como gran parte de los hombres, carece de dicha «víscera». Las sienes, por otra parte, son unos de los puntos más vulnerables del cuerpo humano. De ahí el por qué gran parte de los suicidios con pistola se producen apuntando a éstas. Es decir, a una de ellas, pues no es posible apuntar a las dos a la vez, salvo que se pertenezca a familia rica y poderosa, y el forense obre en consecuencia.

No son las sienes una zona precisamente erógena. Ni al hombre se le ocurre apoyar su pene en la sien de la mujer, ni a la mujer restregar su sexo en la sien del hombre. Podría estar en cercanías a lo largo del juego sexual, cuando ambos contendientes invierten sus posiciones, haciendo eso que se ha dado en llamar simbólicamente el 69, cuya sola pronunciación despierta la chacota en el personal.

OREJAS: Las orejas o pabellones auditivos son más susceptibles de erotismo en la mujer que en el hombre. Observemos que en el juego del amor es el macho, en este caso el hombre, el que inicia la aventura descargando en el oído femenino toda clase de embustes, fantasías y utopías imaginables para conseguir depositarla en el lecho, en la escalera o detrás de una puerta. La mujer, asimismo, muestra su debilidad o falta de resistencia por la oreja. Si el hombre es facundo, de verbo fácil, eso que se llama un «pico de oro», verá pronto recompensado su esfuerzo de imaginación. A lo largo de la Literatura Universal tenemos varios ejemplos, por demás elocuentes, que avalan lo dicho: don Juan conquistó a doña Inés por el oído. La núbil monjita apenas podía tenerse en pie leyendo la carta de aquel chulo, quien, además de ser en potencia un mariconazo según Marañón, era un Espartaco Santoni cualquiera, que iba largando lo que hacía con su corta. Tenemos también el caso de Roxana, el amor de Cyrano, aquel maravilloso narigudo que, amparado en las sombras de la noche, depositaba en los oídos de su amada toda la belleza florida que no sabía decirle el bello gilipollas de quien creía estar enamorada. Y así, también Roxana, es un exponente de la conquista por el oído o las orejas.

BOCA: Este sí que es casi, casi, el más importante órgano sexual del ser humano y, si se me apura, del no humano. ¿Se me apura? Entonces, del no humano. Corroboro. Especialmente en la mujer. La boca, o más exactamente el conjunto que forman ambos labios, es uno de los países en que primero fija el hombre su mirada en el mapa femenino. Después, indefectiblemente, irá repasando las distintas ofertas corporales de que la dama dispone. La boca de la mujer es profusamente analizada por el varón. Por ella sabrá lo que hay que saber: saber y sabor. Por ella, él podrá imaginar, a priori, lo que más tarde serán las batallas orgiásticas o los momentos más sublimes. De donde se deduce que el beso supondrá un anticipo de exacta información, una advertencia, una guía y hasta un consejo. En el beso no hay más protagonistas que los labios, o sea, la boca. Bien es verdad que la boca, en su conjunto, la forman también los dientes, la lengua y otras menudencias de nada despreciable valía, pero siempre serán los labios el mascarón de proa de la boca.

Se dice que «por la boca muere el pez», dando de esta manera a entender la peligrosidad que encierra una boca mal o imprudentemente manejada. Y aquí sí que es donde la mujer muestra uno de sus puntos débiles, pues nadie ignora la facilidad con que la usa y abusa de ella, ora para mentir, ora para no decir la verdad. No es que ello quiera significar que el embuste sea patrimonio exclusivo de la hembra humana, pues, dicho sea de paso, gran parte de los defectos femeninos vienen aprendidos del hombre, que, a la postre, es el causante y causa de todos los males que aquejan a todo mortal.

LENGUA: La lengua, o «húmeda» en el argot barriobajero, es un apéndice sexual de extraordinaria importancia, por su diversidad de movimientos y evidente autonomía, tanto en el hombre como en la mujer. De alguna manera, y a priori, el hombre conoce la entrega femenina por la acción de su lengua, no ya porque ésta exprese sensaciones o sentimientos al hablar, sino porque por ella puede conocer el grado de calentura adquirido en el juego amoroso. Por dicha razón, cuando la mujer juguetea

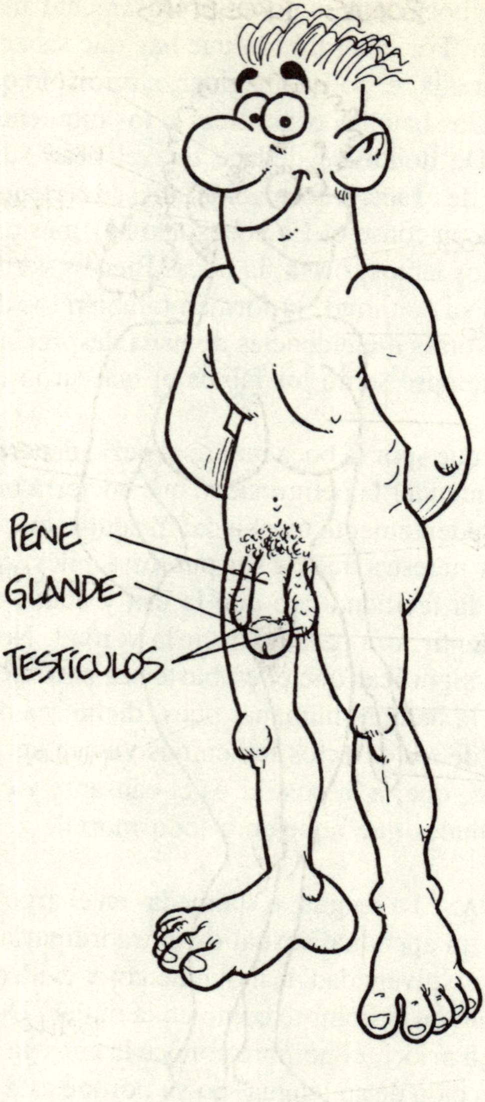
PENE
GLANDE
TESTÍCULOS

ZONAS ERÓGENAS

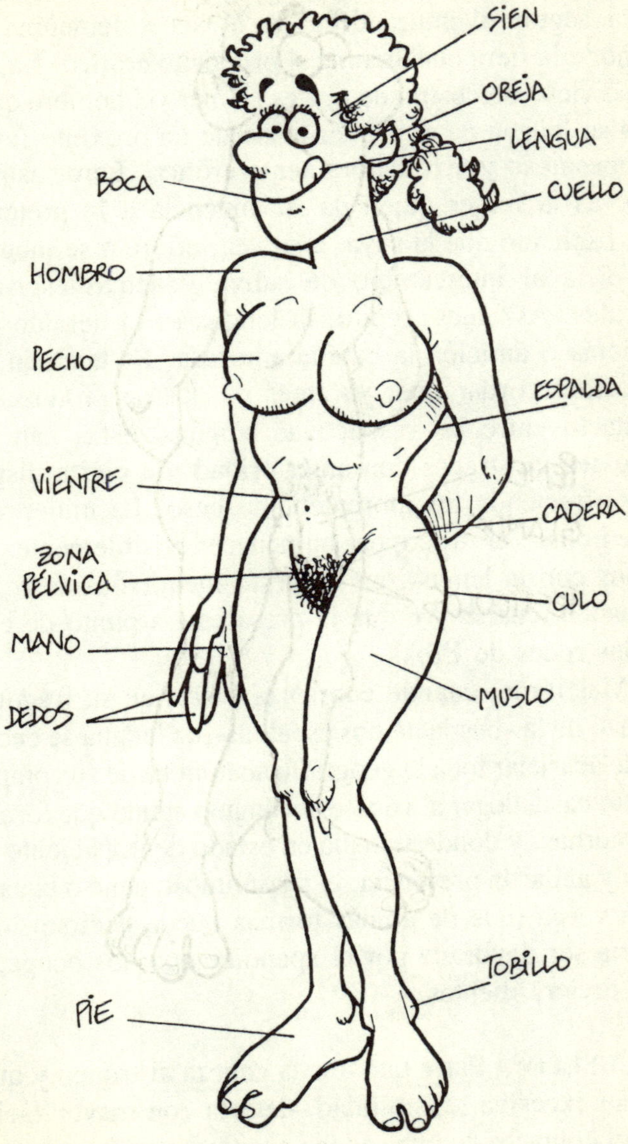

con su lengua, buscando la de su pareja, ésta ya debe entender que el coito está próximo, que hay luz verde para seguir aventurándose en la selva femenina sin temor a la fiera que arruine el propósito erótico. La realidad viene demostrando que es primero el hombre quien con su lengua da el primer aviso de un próximo futuro tempestuoso y arrolladoramente erótico. Pero, asimismo, es la mujer quien da su anuencia a lo pretendido, haciendo que la suya, a su vez, aflore o se muestre propicia al intercambio de saliva y demás esgrimas bucales. Así pues, repito, la lengua es el heraldo que vaticina o anticipa la batalla amorosa. Es también necesario recordar que, ya antes de que se produzca el contacto entre las respectivas lenguas, éstas han podido ser mostradas con anterioridad y a cierta distancia, ofreciendo un sobrentendido beso. La mujer suele emplear el truco de humedecer visiblemente sus labios con la lengua, en un gesto inequívocamente insinuador, cuando ve que la presa está a punto de caer en las redes de Eros.

Más tarde, cuando comienza o está en su fragor el abrazo de la «bestia de dos espaldas», la lengua se encarga de acariciar toda la geografía anatómica de su complemento hasta llegar al vértice del ángulo agudo que forman las piernas, y donde se halla en estado de impaciente espera y gallarda presencia, el presuntuoso pene o la vanidosa verga (que de ambas formas puede decirse), que podría ser devorada por el apéndice que nos ocupa, si éste tuviera dientes.

CUELLO: Parte que une la cabeza al tronco y que, por su excesiva sensibilidad, detecta con mayor facilidad el contacto de una cadena aurífera, y más aún si dicha cadena va acompañada de piedras guapas, bonitas y preciosas.

El cuello de la mujer se diferencia del cuello del hombre por el sexo. Suele ser más débil, más frágil. Por ello, en algunas ocasiones, al hombre le gustaría comprobar tal fragilidad apretándolo con sus manos hasta dejar de oír su respiración. El cuello es una de las partes más vulnerables de todas las partes de la mujer. Se dice que el cuello de la mujer lo inventó un joyero, y ella, para compensar, inventó ciertos y profusos adornos que nacían de la frente del joyero.

HOMBROS: Tal vez sea ésta la parte menos erógena, o una de las menos, en la mujer. Por esta misma razón, cuando el hombre no tiene confianza suficiente apoya su mano en el hombro de ella, sabiendo, ya de antemano, que nunca podrá ser malinterpretado este gesto, ni aun por la dama más desconfiada. Por otra parte, hay mujeres que quieren hacer resaltar sus hombros, no en un afán de masculinizarse, sino de independizarse, de hacerse más fuertes ante el tópico de la debilidad femenina. Asimismo, existe un lenguaje de los hombros: fuerza y orgullo cuando se levantan, y entrega y sumisión cuando se bajan. En una palabra, o lo que es lo mismo: «Bajo mis hombros. Poséeme. Porque también bajo mis ojos, mis manos y mis bragas.»

ESPALDA: La espalda, sin la menor duda, es una de las zonas erógenas más importantes del cuerpo del hombre, e incluso de la mujer, que es tan persona como el que más. En la lucha libre es de vital importancia. El luchador que pone a su oponente más de tres segundos de espaldas sobre el tapiz gana el combate.

La traición viene simbolizada por la espalda: «Te han clavado un puñal por la espalda.» Y en lo referente a lo homosexual es evidente el símil cuando se habla de que «Te han hecho un ''trabajo'' por la espalda.» Y así como el guardaespaldas es el bastón de confianza del gángster, podría decirse que el guardaculos, de menor estatura, es el protector de esta parte de la anatomía masculina. Por otro lado, el abrazo fuerte, el abrazo pasional, el abrazo super-erótico, es el que se dan dos personas uniendo los pechos de ambos, pero con las cuatro manos fuertemente adheridas a las respectivas espaldas. El que luego dichas manos desciendan en busca de otros objetivos más concretos es harina de otro costal y argumento de otra historia.

PECHO: Puede llamarse pecho al conjunto de los dos, como asimismo a la caja torácica. En el primer caso, se trata de un singular que abarca el plural. Por eso, cuando decimos «Esa mujer tiene un pecho muy bonito», no es que nos estemos refiriendo al izquierdo o al derecho, y en él centramos el piropo, sino que se sobrentiende que ambos pechos son muy bonitos.

En cuanto a su capacidad erógena, el pecho es suprasensible, extremadamente receptor al tacto, exageradamente colaboracionista en las lides del sexo. Puede decirse, y por eso lo decimos, que cuando un hombre llega con sus manos a la zona de los pezones y los acaricia con fruición y permisión, el coito está a la vuelta de la esquina, o más cerca, si la esquina está lejos. Obsérvese que los mencionados pezones, bien o expertamente manipulados, se tornan duros y enhiestos cual cuernecillos de eral. Todo lo cual suele ir acompañado de un más fuerte respirar y un jadeo continuo por parte de la gozante, que, las más de las veces, suele desprender un fleco de fina baba entre los abultados labios de la boca, más otros flecos de baba fina entre los compulsivos labios de la entrepierna. Llegados a este punto, lo demás es coser y cantar, aunque un buen amante conocedor de su oficio jamás se pondría a cantar ni a coser, pues esto supondría una gilipollez de tal tamaño que ni ajamonada dama yanqui sabría consentir.

El tamaño del pecho o los pechos es de vital importancia, así como su tersura, dureza y contexto, especialmente en la mujer. Un pecho de exagerado volumen es pernicioso para la manutención u obtención de la libido, pues nos daría la impresión de intentar un coito con una vaca. De igual manera, un pecho de reducidas dimensiones nos podría llevar en el delirio a intentar lo mismo con el hijo de la portera. De donde se deduce que el término medio es lo equitativo y justo.

El matiz de la insinuación erótica cobra importante relieve con el pecho. De ahí lo sugerentemente lascivo que puede resultar un escote bien estudiado, con ese canalillo separador de ambas mamas, que permite adivinar o presentir lo que evidentemente no vemos, y que puede llegar a ser mucho más exultante que la totalidad del pecho en su absoluta presencia.

Durante los siglos XVI y XVII, y en algunos otros, la mujer tapaba con exceso su cuerpo a base de miriñaques y polisones, dejando bastante al descubierto (bastantísimo) su reliquia pectoral que, naturalmente, era suficiente señuelo para que el hombre luego anduviera tras ella como perro salido, gato maullante o piltrafa cachonda. Así, pues, era una época o moda donde la sola «avistación» o presunción del pecho reclamaba toda la atención erótica del macho. Luego, llegado el momento de la posible cópula, vendría el desencanto ante el problemático desprendimiento de aquellos incómodos ropajes femeninos, llenos de alambres, maderas y otros andamios de incomodísimo uso.

De cualquier forma, de todos es sabido que cuando el pene se pone terco y busca saciar su sed, no hay andamio ni alambrera que se le resista, horadando cualquier tipo de obstáculo que se interponga a su propósito.

MANOS: Si tenemos en cuenta, según mi teoría, que todo lo que no es cerebro es mero utensilio del ser humano, vendremos a convenir que las manos son una herramienta de uso imprescindible para la convivencia, pues con ellas cogemos o agarramos los objetos. Pero de igual manera son las manos unos tentáculos —no tenta-culos, aunque también— que palpan el cuerpo del ser a poseer, y proporcionan al cerebro la información necesaria para saber si «aquella» persona es jodible o repudiable. Y de igual manera que la mirada es el primer contacto, la mano establece el segundo. El apretón de manos es una presentación. Y ya en ese instante, se empieza a intuir la remota posibilidad de un *affaire* sexual, por la temperatura, suavidad o rudeza que lleva implícito este segundo contacto, si se ha hecho con tacto.

DEDOS: Las manos de las personas, incluso las de los yanquis, poseen cinco dedos cada una, si no se trata de mano mutilada o con defecto de nacimiento. Y cada uno de estos cinco dedos tiene una misión específica, sea para su uso corriente, o sea como posible colaborador sexual.

Así pues, el índice, en un gran porcentaje de casos, es el dedo masturbador en, por y para la mujer. Y tal como su nombre indica, es el que indica, el que señala, el que informa de la dirección a seguir por los caminos clitóricos. Aunque hemos de constatar que, probablemente, sea el dedo corazón quien desempeñe esta función con mayor asiduidad y desparpajo, o, en este caso «desparpaja».

Posiblemente también sean estos dedos los que el hombre usa para masturbar a la mujer. El índice para una mayor calidad de excitación, y el corazón para una mayor penetración. Sólo cuando la vagina de la mujer (lo cual es una perogrullada, ya que la vagina nunca puede ser del hombre) ofrece unas proporciones de amplia boca o enorme portal, puede emplearse el dedo pulgar, con la inútil intención de hacerlo pasar por un falso pene de efectos sustantivos y consoladoras consecuencias. De lo que se deduce que los dedos de las manos son de imprescindible consuelo para la fémina, tanto si son de macho como de hembra, mientras que para el hombre los dedos son materia insuficiente para la autoeyaculación.

Por lo que, como es lógico, habrá de usar toda su mano, toda la palma de su mano (izquierda o derecha, que esto depende de su destreza) para abrigar la superficie del pene y así terminar con éxito su propia complacencia.

Y sólo en el caso en que el tamaño del nabo (vulgarización de pene) sea de un tamaño ínfimo, próximo a la nimiedad y al evidente ridículo, es posible cogerlo con dos dedos, cual si se tratara de un lápiz, una habichuela, una lenteja o una simple hueva de caviar.

Pero quedan dos dedos de práctica inutilidad para la práctica de la utilidad sexual: anular y meñique.

El anular viene a ser como un testigo torpe, falto de malicia e inoperante en los devaneos vaginales. Está cerca, pero no ataca. No se responsabiliza de nada. Podría relatar los más excitantes avatares de la contienda como testigo primordial y principal avalador, pero jamás es protagonista del «desfollecimiento» femenino.

Algo semejante le sucede a su vecino y eterno camarada el meñique. Tal vez aún más pueril y superfluo. Tan sólo en casos de extraño virtuosismo malabárico, colabora en desconocidos y esotéricos sistemas de excitación, para lo cual tendríamos que remitirnos al *Kamasutra*, o textos de semejante enjundia erótica.

VIENTRE: Recibe este nombre la porción de cuerpo que va desde el pecho hasta los genitales, cuya circunstancia, paradójicamente, no convierte esta zona en una de las más erógenas.

El vientre es la cuna de todo producto natalicio en la mujer, ya que, como ustedes saben, es la mujer la que da a luz a todo ser que viene al mundo, aunque ello no quiere decir que no haya «hombres» que darían años de su vida por poder alumbrar una criaturita. Pero la Naturaleza, que más que sabia es precavida, decidió que tan sólo fuera la mujer la encargada de este menester. Y así, es la mujer la que durante nueve meses alberga en su seno «ventral» cada nuevo individuo de nuestra especie.

No obstante, una mujer embarazada de seis o siete... meses es motivo de excitación sexual para gran número de hombres, quienes, al ver un vientre abultado con una curvatura anómala, no pueden reprimir el deseo erótico. Prueba de ello es que algunos machos humanos pagan cantidades crecidas de moneda por gozar de una mujer embarazada.

A su vez, el vientre posee el adorno de un «punto» erógeno de por sí, como es el ombligo, que se exhibe en el centro del vientre.

Se dice que, entre la antigua nobleza, el ombligo era exageradamente erótico y apetecible. De ahí la famosa frase de «Nobleza ombliga».

También la forma del ombligo es influyente a la hora del combate sexual. Si bien es verdad que un ombligo redondo es sugestivo y atrayente, un ombligo en raya vertical puede ser aún mayor incentivo.

CADERAS: Se llama cadera al ensanchamiento del tronco en el lugar en que se une a las piernas. La cadera femenina es una llamada, una señal erótica que la mujer conoce muy bien, por cuya razón, y a lo largo de la historia, ha sabido perfectamente cómo pronunciarla o exagerarla más. Almohadillándola directamente, o comprimiendo la cintura por medio de poleas, andamios metálicos o cualquier otro elemento de tortura. Nadie ignora que la mujer (todas las mujeres) son capaces de sufrir los más variados martirios o someterse a los más insoportables suplicios, con tal de aparentar una bella figura que sea el señuelo que haga que el hombre (todos los hombres) caigan en el garlito, en la trampa, en el cepo. No descubrimos nada nuevo si decimos que desde el principio de los tiempos humanos la mujer se ha pasado la vida tratando de engañar al hombre. Y unas veces lo ha conseguido, y otras también. Ello no quiere decir que el hombre no haya tratado de engañar a la mujer, y lo seguirá haciendo hasta que lo consiga. Es natural que cada uno emplee sus propias armas. La mujer, su figura, su cuerpo, su cara, su cuerpo, sus ojos, su cuerpo, su cuello, su cuerpo, su nariz, su cuerpo. Y cómo no, y también, y además, su cuerpo.

Pero no son iguales las señales eróticas en uno y en otra. Las caderas del hombre, casi inexistentes, no dicen gran cosa en cuanto a posible reclamo «polvoriento». Y ésa es la razón por la que el hombre apenas ha hecho caso de ellas (de las caderas), y jamás ha recurrido a postizos, ni a estrechar de manera angustiosa su cintura. Es evidente que un cuerpo masculino bien formado puede excitar incluso a las mujeres, como sería el que ofreciera unos anchos hombros, bien musculados los brazos y las piernas, amplio tórax, cuello firme, alta estatura y bolsillos repletos. Hay que señalar, por lo curioso que es, el enorme influjo que ejerce en la mujer el bolsillo repleto del hombre, el monedero bien cargado, sea a la izquierda o a la derecha, ora en papel moneda, ora en oro. Y ello es debido a que el hombre y la mujer se excitan por causas diferentes. Al hombre le «entra» más la cosa por los ojos y a la mujer por el curso legal.

Por consiguiente y en conclusión, llegamos al corolario de que la cadera en la mujer es un arma de gran valía y contundencia, en tanto que en el hombre no pasa de ser una mera ayuda para la consecución de su cuerpo ortodoxamente formado.

Desde el siglo XVI hasta nuestros días con sus noches, la fémina ha tratado por todos los medios de exhibir una cadera mínima en circunferencia, llegando a dormir con apretadísimos corsés que no se quitaban ni para nadar. Lo cual originó un cisma entre los más prestigiosos doctores que aseguraban que dichos artefactos reducían la vitalidad, desplazaban órganos internos, deformaban la caja torácica e impedían la respiración normal. ¡Y hasta causaban abortos!, según nos cuenta Desmond Morris. En tanto que otros galenos se desentendían de perjuicios físicos en aras de la moda. Algunos incluso llegaron a beneficiarse de esta moda vendiendo «corsés sanitarios». Los más extravagantes eran los corsés eléctricos que en 1883 vendía el doctor Scott. Sus anuncios decían así:

> Están fabricados según principios científicos y generan una vivificante y saludable corriente que recorre todo el organismo. Su valor terapéutico es indudable, y curan en el acto, de forma maravillosa, la Debilidad Nerviosa, los Dolores de Espalda, el Reumatismo, la Parálisis, los Hormigueos en los Miembros, la Dispepsia, los Trastornos de Hígado y Riñones, los Problemas Circulatorios, el Estreñimiento y otras enfermedades propias de las mujeres.

Asimismo, en la época victoriana, la mujer que no usaba corsé era considerada poco más o menos que una puta, desprovista de pudor, al mostrar con la mayor indiferencia el verdadero contorno de su cuerpo. Afortunadamente, el corsé pasó a mejor vida durante el siglo XX, y Dios lo tenga en su seno algunos siglos más.

No podemos pasar por alto a un enano. Quiero decir, que no debemos olvidar la llamada erótica que producen unas caderas femeninas bamboleantes. Recordemos los famosos andares de Marilyn Monroe, Rosalind Rusell, Lana Turner, Rafaela Aparicio, etc. Como tampoco conviene olvidar muchos bailes que incluyen vigorosos movimientos de las caderas, vaivén a los lados, sacudidas y trepidantes rotaciones. Es claro que todo esto pertenece al mundo femenino, pero es de justicia citar el caso de Elvis Presley, cuyas rotaciones de cintura llegaron a estar prohibidas por escandalosas, a quien llegaron a llamar «Elvis the Pelvis». Y tales movimientos se interpretaron como un remedo del coito en acción.

Entre los gestos de las caderas, que son muy pocos, hay uno marcadamente copulatorio que se da en regiones de Sudamérica y de Oriente Medio. Consiste en apretar los codos contra las caderas con los antebrazos tendidos hacia adelante. Los puños están cerrados y las caderas se mueven también de atrás hacia adelante.

Asimismo, cuando dos jóvenes —o no tanto— inician los consabidos tanteos del *flirt,* suelen caminar en solitario cogidos por la cintura, que es tanto como caminar abrazados. Y es obvio que la cintura es la zona más cercana a la de los genitales, lugar éste que, al ser invadido, el paso hacia el coito es evidente y a todas luces inevitable. Que es de lo que se trata.

ZONA PÉLVICA: Llámase zona pélvica, en la mujer, a lo que en lenguaje grosero y barriobajero, se diría «parte del coño», pero no una parte de dicho coño, sino todo entero, siendo así el todo una parte. Tal es el caso del grosero que dice a la esposa «Te voy a dar una patada en la parte del coño», ya que con eso no se refiere a una parte determinada del coño, sino a toda la zona que lo comporta.

Y ya, dentro del coño, perdón, útero o gruta, se halla, a veces con paciencia, el clítoris, apéndice carnal cual diminuta nariz que, bien manipulado o manejado por mano o pene, hace que ella —la dueña de tal— se muerda los labios, rece en voz baja, clave las uñas, suspire y vuelva a suspirar, hasta acabar en una estentórea exclamación: «¡Hijo de puta, métemela ya!»

CULO: Nos encontramos con un artefacto corpóreo lleno de matices. Llámase «culo» al conjunto que ofrecen nalgas y orificio anal. Aunque también se le llama «culo» al mero agujero excretor. Pero la acepción más usual es todo el conjunto. Así cuando decimos: «Esa mujer tiene un culo excepcional», nos estamos refiriendo al todo, al cuadro que contiene nalgas, naturalmente, puesto que no es posible, refiriéndose exclusivamente al agujero, saber que éste es excepcional, si no hubo antes contacto visual o manual.

El culo es sin duda una de las zonas erógenas más estimulantes y atrayentes, aun a pesar de su misión evacuatoria, excrementalmente hablando. En buena lógica debería ser una pequeña zona repulsiva, si no se sufre de coprofagia —amor y deseo de mierda—. Pero es evidente que un gran porcentaje de los hombres, una vez realizado el coito vaginal, busca el coito anal. Tal vez sea debido a esa carga morbosamente erótica que todos almacenamos en nuestro interior.

La palabra «culo» forma parte de frases halagadoras y, a la vez, de ostensibles insultos: «Tienes un culo que es una flor», o el archiconocido «¡Vete a tomar por el culo!», que es una manera más o menos directa de darle a entender a alguien que no se está de acuerdo en algo, o que existen ciertas diferencias de criterio.

En la Edad Media, en otras edades y en los tiempos inquisitoriales, una de las torturas o manera de convencer al convicto para que se reconociera culpable era el empalamiento, que consistía en introducir por el culo de la víctima un enorme palo que luego habría de salirle por la boca, lo que parece ser, según confesiones de testigos, producía unos efectos tan desagradables que raro era el reo que no decía, firmaba y confirmaba todo cuanto querían que dijera.

No se tiene noticia de que ningún empalado haya gozado sexualmente durante la tortura, ni aun varias horas después. Antes al contrario, el dolor persistía —siempre según las crónicas— bastantes horas, de forma continuada y difícilmente soportable.

Ya hemos dicho que el culo es, seguramente, la zona erógena más en carne viva, más apetecida, más procurada y perseguida a veces que los propios órganos genitales.

PENE: Puede decirse que el pene, el PENE, es el verdadero culpable de la Humanidad. Sin la acción del pene, la primera acción, digo, no existiría el ser humano. Es la columna mayestática de la zona erógena masculina. Es el introductor del semen en la vagina, portador de millones de espermatozoides quienes, por incompatibilidad de espacio, también mueren a millones hasta quedar generalmente uno, a veces dos, raramente tres, rarísimamente cuatro, excepcionalmente cinco, y parece ser que hasta ahora nunca seis, que más tarde, y cada uno por su cuenta, se convierten en lo que se llama persona, palabra ésta bastante peyorativa por sí misma.

La forma y tamaño del pene es de innegable influencia en el erotismo. Cualquier tipo de pene puede, con mayor o menor esfuerzo, introducirse en la vagina y, con su roce de entradas y salidas continuadas, lubrificar la «gruta», con el fin de que el coito no tenga fin, o no se desee su final.

Es lógico imaginar que un pene de desmesuradas proporciones, más que felicidad puede causar dolor. Sin embargo, no se sabe por qué extrañas razones, la mujer suele preferir un pene erguido, orgulloso, fornido, duro y espectacular, antes que otro desvaído, humilde, timorato, endeble y cobarde, amén de fofo, lo cual lo convertiría en el adjetivo femenino de «morcillona», o polla lastimosa, irrisoria e impresentable.

Por otra parte —y nunca mejor dicho lo de «por otra parte»— el pene es el sueño del homosexual, que desea ser penetrado o «pene-entrado» por vía anal.

Es justo reconocer que un pene, comparado con un coño, lleva toda la ventaja por su aspecto más enfático. La verdad es que un coño, por sí mismo, no dice nada. Y el día que diga algo será un auténtico milagro, digno de la curiosidad universal. ¿A quién no le agradaría oír, asombrado, hablar a un coño? Aunque bien es verdad que hay mujeres que saben hacerle hablar. Y de manera tan sublime y exquisita que puede llegar a producir verdaderos capitales de divisas.

GLANDE: «Cabeza del miembro viril.» Así lo define el Diccionario de la Real Academia. Pero yo no creo en la exactitud de esta definición, ya que toda «cabeza» presupone la existencia de un cuerpo al cual pertenece. Y ningún pene, por enorme que sea, debe recibir el sustantivo de «cuerpo». Asimismo, cualquier «cabeza», por obtusa que sea, es susceptible de pensamiento o discernimiento, y no es posible imaginar que un glande —sea de quien fuere— tenga opinión propia, ya que esto no lo suele alcanzar gran porcentaje de concejales y ni siquiera de alcaldes.

Incluso llamarle «miembro» a unos centímetros de pene es por demás pretencioso y machista. Miembros son los brazos y las piernas y los que pertenecen a ciertas cofradías o corporaciones, pero jamás un pene alcanzó las proporciones físicas de un brazo o pierna humanos.

Yo diría, metafóricamente hablando, que el glande es el mascarón de proa del pene o polla, que éste y otros muchos nombres más puede recibir el «miembrillo» que nos ocupa.

El glande, *nihil obstat*, es manjar para la mujer desinhibida, y para algunos hombres inhibidos. Sin embargo, es manjar inalcanzable para el propio individuo que lo posee, habiéndose dado el triste y luctuoso caso de varones que han perecido intentando llevar hasta su boca el glande, sufriendo repentina descerebración.

Sólo se conoce el caso de algunos contorsionistas que consiguieron establecer contacto entre su glande y su boca, y que, por exceso de placer, abandonaron o malograron sus carreras.

TESTÍCULOS: Palabra culta y de exacta definición para decir lo que son los cojones, si bien es innegable que esta última palabra no es digna de figurar en una conversación de exquisitos matices. Pero no hay que olvidar que el vulgo vulgariza —valga la redundancia— sus propios sistemas de expresión, para no incurrir en un terreno que le es profano al ser evidentemente culterano. Así pues, tampoco es frecuente que un individuo de baja extracción social, en un momento de acalorada discusión con un colega, le amenace con darle «una patada en los testículos».

Corolario: Hay dos o más tipos de gramaticalidad según el estatus de cada sujeto: de acuerdo con su posición social y, sobre todo, con su bagaje cultural. Y de igual manera que no es usual que el desaventajado en este sentido diga: «Te voy a dar una patada en los testículos», tampoco lo es el que, siendo poseedor de un bien amueblado cerebro, culturalmente hablando, exprese al contendiente que le va a dar una «patada en los cojones», lo que estaría fuera de lugar, aunque en ambos casos dicho común lugar sea el de los cojones o testículos.

Los testículos, a su vez, son el almacén o fábrica del

semen, protegidos por el escroto. Yo diría, y digo, que están en la máxima zona erótica del cuerpo del hombre, si bien es verdad que de una manera metafórica se suele hacer alusión a mujeres «con un par de cojones», para dar a entender que la dama en cuestión es de armas tomar.

Es evidente que el número máximo de testículos o cojones que se puede tener es el de dos por persona y vida. Aunque la petulancia masculina, en determinados casos, lleva a decir eso de «Yo tengo muchos cojones», o «Yo tengo más cojones que nadie», o «Yo tengo tantos cojones como el primero», lo que no infiere poder tomarse al pie de la letra dichas expresiones, que no dejan de estar en el contexto de la fantasmada y absurda fanfarronería.

Y de igual manera que los testículos son de una vital importancia en el mundo del erotismo, también son —paradójicamente— lo más endeble y pusilánime de la anatomía masculina. Cualquier niño de pocos años podría derribar con un simple «cabezacito» en la entrepierna al más corpulento y desafiador de los machos. Quien haya sufrido tal evento alguna vez en su vida, habrá podido comprobar que se trata de un dolor irresistible. Que comienza poco a poco y le sigue un *crescendo* acelerado, contundente, imparable, insoportable y agobiador, cual si fuéramos a reventar de un momento a otro. De ahí la terrible amenaza en las reyertas del famoso: «Te voy a dar una patada en los cojones», pues no se conoce ser humano que haya permanecido impasible después de haber pasado por ello, ya sea con zapato, bota o con el pie descalzo.

Pese a la fragilidad de esta parte de las partes, es zona sumamente erógena, repito, ya que muestra una extrema sensibilidad ante la caricia manual o el simple roce.

Sin embargo, lo que debería ser un ruego placentero: el «Tócame los cojones» se convierte absurdamente en un descarado insulto y motivo de provocación. Es frase de desafío, de desprecio, enormemente peyorativa y que puede dar paso a una inminente y cruenta lucha callejera.

Naturalmente se supone que también es frase musitada al oído durante la preparación del coito, más dicha en tono apenas audible, lo que la hace más excitante. No es difícil imaginar a qué punto de ebullición de la libido se puede llegar, cuando una doncella bella como una puesta de sol musite en la oreja de su amado: «¿Quieres que te toque los cojones?»

Esta es pregunta que no necesita respuesta.

«¡Ya me tienes hasta los cojones!», sin embargo, es expresión de cansancio, hastío y aburrimiento por parte de quien la expresa. En buena lógica, y siendo los cojones o testículos excelsos colaboradores del quehacer erótico, ésta debería ser una expresión de cariño y unidad sexual.

Es la eterna contradicción del ser humano. Una misma palabra puede ser un halago o un aborrecible insulto.

MUSLOS: La palabra «muslo» llena la boca, y configura dos acepciones a cuál más apetecible: la «gurmética», pensando en los del pollo, pavo y faisán, y los de las personas, principalmente hembras. El muslo, en su unión con el compañero (puesto que siempre son dos, excepto en casos verdaderamente anómalos), soporta o ampara la región más genital del cuerpo. Aunque es obvio decir «la más genital», puesto que sólo hay una. Y como decía anteriormente, son los muslos quizá la llamada más erótica que puede ofrecer una mujer, hasta tal punto que a veces nos lamentamos al conocer a una dama de belleza indiscutible, pero que carece de unos bien torneados muslos. Entre ellos suele introducir la cabeza el hombre en busca de un erecto clítoris, o, precisamente, para conseguir su erección.

Hay un viejo y procaz dicho que aconseja: «Una oreja en cada muslo y la boca donde caiga». No hay que poseer una excesiva imaginación para columbrar dónde caería la boca si se tiene una oreja en cada muslo.

Por otra parte, los muslos son una invención que data de los primeros tiempos del ser humano. Cuando aún no existían los muslos, los coitos eran un verdadero desastre, ya que se trataba de la desesperada unión de dos troncos mediante los brazos únicamente. El pene colgaba como extremidad inferior, buscando inútil abrigo en la «gruta jacobea» del sexo opuesto y mal puesto. No era posible, como es lógico, ese otro abrazo (o piernazo, ya que se hace con las piernas) con los marmóreos muslos, que aproximan de forma indeleble a los protagonistas del *match* erótico.

Parece que también el muslo masculino tiene sus *fans* y acérrimos seguidores. Y así lo podemos contemplar en las maravillosas esculturas griegas que hicieron los romanos a lo largo de la historia. El muslo masculino, así pues, también es exquisito reclamo para los ojos femeninos y para otros muchos de los masculinos.

TOBILLOS: Los tobillos no son precisamente una de las partes más erógenas del cuerpo humano, ni siquiera del yanqui. Es cierto que unos tobillos finos y bien diseñados ayudan a conformar la belleza de unas piernas bien terminadas. Pero de por sí, no suelen incitar la aventura de cama ni a excitar la libido. En otras palabras, los tobillos no ponen cachondo ni a un parapléjico, a no ser que la sed de sexo sea tal que uno pueda «conmoverse» ante la sola exhibición de un muslo de pollo.

A veces, sobre todo en la mujer, el tobillo llama la atención por su finura y exquisito perfil óseo, intermediario entre la pantorrilla y el pie. Pero observen ustedes, expertos lectores, que el hombre en el *affaire* amoroso busca cualquier tipo de superficie para pasar y pasear su lengua, en busca del brote sexual y casi nunca se da el caso de buscar los tobillos para semejante consecución.

Resumiendo, los tobillos, por sí solos, son inocuos, lerdos e inoperantes, pero ayudan, complementariamente, a la muestra de una extremidad inferior que puede, por esto mismo, resultar superior.

PIES: Ellos son la base, el apoyo de la arquitectura humana. Más modernos que los muslos, pues no se conciben unos pies sin muslos, a no ser que se trate de accidente ferroviario o similar.

Eróticamente los pies tienen gran predicamento y poseen una sensibilidad sensual y sexual de tamaño descomunal. Las plantas de los pies, especialmente, son enormemente sensibles y receptivas, hasta el punto de que nadie ignora las famosas torturas chinas a base de cosquillas en los pies, produciéndose en el cuerpo la paradójica circunstancia de que, un exceso teórico de placer, conducía al dolor, a la insoportabilidad.

Pero, yendo al terreno que nos ocupa, es evidente que cualquier tipo de caricia en los pies, sea con la mano, o sea con la lengua (que es la mano de los mancos), produce inmediatamente un bienestar y un tipo de placer casi incestuoso si proviene de un familiar, y totalmente erótico y carnal si la procedencia es de cualquiera otra fuente.

También el tamaño de los pies tiene su fuerza erotizante. En la mujer, un pie pequeño es motivo de atracción. Recordemos el cuento de *La Cenicienta*, mujer que tuvo a maltraer a un príncipe por culpa de sus pies.

Durante siglos, los chinos vendaban los pies de las niñas para que se mantuvieran pequeños. Era un gancho erótico. Y en algunas razas, el manejo y destreza de éstos era tal que la hembra podía masturbar al varón con los pies, y con la misma destreza que en otras razas se hace con las manos. Claro que tampoco hay que olvidar que nuestras manos fueron pies en otros tiempos.

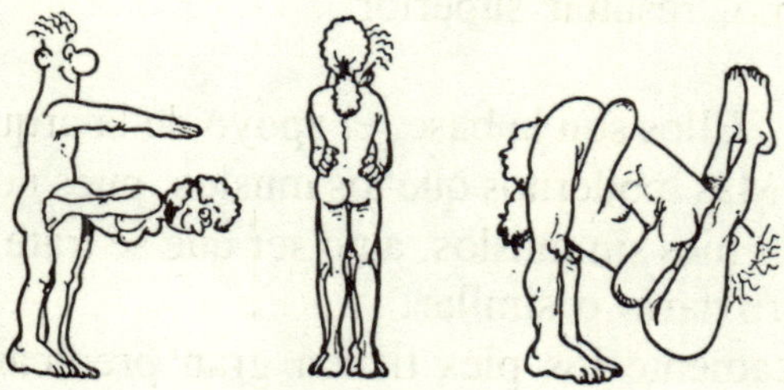